La Nueva España
siglos XVII y XVIII

Para Ana Victoria,
amiga de vida ejemplar.
C.S.Z.

Dirección: Mauricio Volpi
Coordinación, concepto y edición: Andrea Fuentes Silva
Revisión historiográfica: Alejandro Rosas
Diseño de la colección: Alejandro Magallanes / La máquina del tiempo
Diseño y formación: Sandra Ferrer Alarcón
Corrección: Emiliano Becerril Silva

Primera edición: Nostra Ediciones, 2009

ISBN: 978-607-7603-27-6 Nostra Ediciones

Impreso en China

La Nueva España

siglos XVII y XVIII

Carmen Saucedo Zarco

Ilustraciones de Alejandro Magallanes

NOSTRA EDICIONES

OVA HISPANI
NOVA GALICIA
GVATIMALA.

ÍNDICE

10 Introducción

La Nueva España 14

26 Bajo el signo de la cruz

El mestizaje y la población 42

54 La educación

Un nuevo modo de vida 68

86 Arte y cultura

El imperio hispánico 98

106 Cronología

Bibliografía 111

Introducción

AL INICIAR EL SIGLO XVII SE CUMPLÍAN CASI 80 AÑOS DE LA CONQUISTA DE MÉXICO. LA CENTURIA ANTERIOR HABÍA DEFINIDO EL ENCUENTRO DE DOS MUNDOS: EL INDÍGENA, CON SUS USOS Y COSTUMBRES, Y EL ESPAÑOL, QUE TRAÍA CONSIGO LA HERENCIA EUROPEA. LA CONQUISTA HABÍA TENIDO MOMENTOS OSCUROS CON LA VIOLENCIA EMPLEADA POR LOS CONQUISTADORES PARA PACIFICAR LAS REGIONES Y LAS EPIDEMIAS QUE DIEZMARON A LA POBLACIÓN INDIA, AUNQUE HUBO TAMBIÉN FRAILES QUE ESTABLECIERON EN SU LABOR DE EVANGELIZACIÓN LA DEFENSA LEGAL DE LOS INDIOS. Y SERÍA DE LA MEZCLA Y FUSIÓN DE AMBAS CULTURAS QUE NACIÓ UNA NUEVA SOCIEDAD QUE LE DIO FORMA A LA NUEVA ESPAÑA.

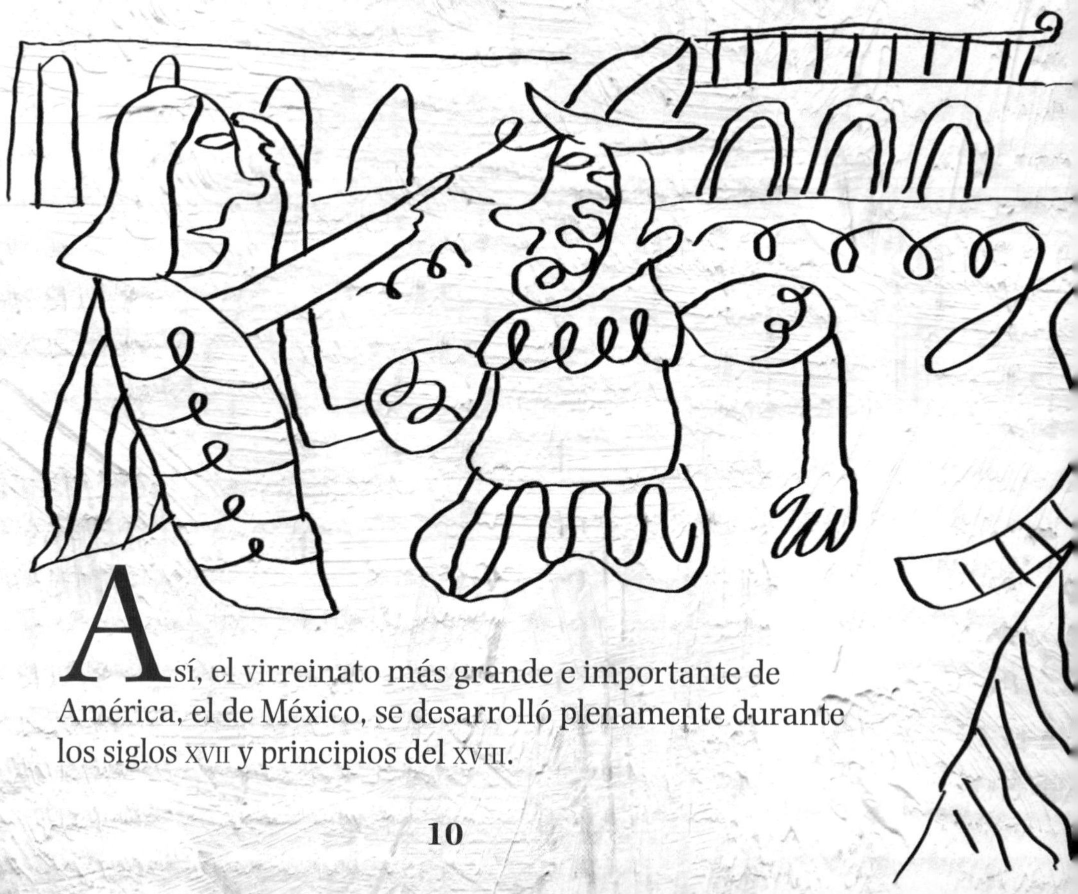

Así, el virreinato más grande e importante de América, el de México, se desarrolló plenamente durante los siglos XVII y principios del XVIII.

En esos años se consolidaron las instituciones políticas y religiosas; vio su esplendor la educación a través de importantes colegios (San Ildefonso, San Pedro y San Pablo, la Real y Pontificia Universidad de México, entre muchos otros); prosiguieron las expediciones hacia el norte de la Nueva España para concebir geográficamente la extensión del virreinato y sus riquezas, y continuó el proceso de evangelización impulsado por todas las órdenes monásticas, particularmente por los colegios franciscanos de *propaganda fide* —propagación de la fe.

Durante el siglo XVII comenzaron a tomar importancia ciudades como Valladolid —hoy Morelia—, Oaxaca y Puebla, en cuyas cercanías se desarrollaron tanto haciendas ganaderas como agrícolas; en otras regiones, la minería impulsó el crecimiento de centros urbanos como los de Zacatecas y Guanajuato.

La Nueva España se consolidó cuando soplaron los aires del barroco, el movimiento artístico que estuvo de moda desde finales del siglo XVI hasta entrado el siglo XVIII. El barroco abarcó todas las artes (arquitectura, escultura, pintura, música, letras) y adquirió características particulares en los virreinatos de América, pues los artesanos indígenas le imprimieron su propio sello, lo cual, a la larga, lo convirtió en un elemento de identidad de los nacidos en México.

Fueron también años en que destacaron importantes personajes como la poeta Sor Juana Inés de la Cruz, el dramaturgo Juan Ruiz de Alarcón y el astrónomo Carlos de Sigüenza y Góngora; ya entrado el siglo XVIII, el cronista Lorenzo Boturini, los jesuitas de la talla de Francisco Xavier Clavijero y Francisco Xavier Alegre y, en la pintura, Cristóbal de Villalpando o Miguel Cabrera.

Durante los siglos XVII y XVIII, a la par que el establecimiento de las instituciones, los conventos y las escuelas, se fueron configurando las clases sociales —mestizos, criollos y españoles peninsulares— y se gestó una cultura propia novohispana: esto propició la formación en la conciencia social de un sentimiento de identidad —con la tierra, con la tradición y con diversos elementos que se volverían únicos, como la virgen de Guadalupe— que con el paso de las décadas daría sustento a las ideas de independencia que, comenzarían a correr a finales del siglo XVIII.

La Nueva España

La Nueva España abarcaba desde lo que hoy conocemos como el sur de los Estados Unidos hasta los límites con el estado de Chiapas. Ese territorio, con una extensión de aproximadamente 4 millones 400 mil kilómetros cuadrados, fue integrándose conforme los españoles iban descubriendo nuevas tierras y las incorporaban al dominio de la corona española. La ciudad de México era la capital de la Nueva España y la sede desde donde se ejercía el gobierno.

Para tener un mayor control sobre este extenso territorio, se hicieron divisiones administrativas. El virreinato comprendía las entonces llamadas provincias de México, Michoacán, Puebla, Tlaxcala y Oaxaca, que no corresponden a los actuales estados de esos nombres, pues eran entidades que ocupaban un territorio mayor. Chiapas quedó bajo la jurisdicción de la Audiencia de Guatemala, en tanto Yucatán, Tabasco y Campeche quedaron bajo la Audiencia de México; es decir, Chiapas no era parte de la Nueva España.

En 1548 se creó la Audiencia de Guadalajara (subordinada a la Audiencia de México). A esta entidad se le llamó Reino de Nueva Galicia y abarcaba lo que hoy conocemos como Jalisco, Nayarit, Colima y Zacatecas, sin que los límites territoriales de aquella época correspondan con exactitud a los de hoy.

El área que corresponde a los actuales estados de Chihuahua y Durango formó la Gobernación de la Nueva Vizcaya, con su capital en Guadiana, mejor conocida como Durango. Muchas de las ciudades novohispanas recibieron el mismo nombre de las ciudades españolas.

El territorio que hoy es el norte de México y el suroeste de los Estados Unidos, cuyo dominio fue lento y accidentado, se dividió en las siguientes provincias: Sinaloa y Sonora, Baja California (hoy Baja California y Baja California Sur), Alta California (estados de California y Nevada en Estados Unidos), Nuevo México (estados de Nuevo México y Arizona en Estados Unidos), Coahuila, Tejas (Texas en Estados Unidos), Nuevo Reino de León (Nuevo León) y Nuevo Santander (Tamaulipas). Estas provincias estuvieron bajo la jurisdicción de gobernadores y gobernadores militares, unos dependientes del virrey y otros de la Audiencia de Guadalajara, en cuanto a asuntos militares y de hacienda.

Los límites siempre fueron imprecisos, sobre todo al norte, donde el asedio de las tribus seminómadas —los famosos apaches— era tan constante que las exploraciones fracasaban. En trescientos años España no logró consolidar su presencia en aquellos lugares tan lejanos, agrestes y peligrosos. Tampoco pudieron lograrlo las nuevas autoridades surgidas a partir de la consumación de Independencia en 1821.

La gran tarea de las autoridades españolas fue encontrar la manera de ejercer su dominio sobre los pueblos indios y sobre los propios españoles, que rápidamente se dispersaban por el enorme territorio americano en busca de un nuevo modo de vida.

Si bien la Conquista llegó a ser sumamente violenta, la destrucción del modo de vida de los indios no fue total, ni se pretendió despojarlos por completo de sus formas de vida, salvo en la cuestión religiosa, pues una de las justificaciones de la Conquista era evangelizarlos y conducirlos hacia una moral cristiano-occidental. Cortés se dio cuenta que tanto las estructuras de gobierno —los señoríos— como la recolección del tributo —impuesto— que imponía México-Tenochtitlan hasta antes de la llegada de los españoles, podían ser aprovechadas para ejercer el dominio hispánico, y por lo tanto extendió estas prácticas más allá de las fronteras del antiguo imperio azteca. Así, los señoríos que tradicionalmente se habían negado a pagar tributo a México-Tenochtitlan, por insumisión o antiguas rivalidades, tuvieron que comenzar a hacerlo con las autoridades españolas de manera rápida y efectiva.

Señoríos

La organización básica de los pueblos indios estaba fundada en los señoríos (como los nombraron los españoles), una especie de provincia conformada por un pueblo con sus barrios, tierras comunitarias y fuentes de agua. Cada señorío estaba gobernado por un tlatoani (tlatoque en plural) o señor miembro de la nobleza gobernante de cada región.

Asimismo, los señoríos fueron reconocidos por el rey de España, quien, para legitimar su posesión y defenderse ante la ambición de los mismos hacendados y de otros pueblos de indios, comenzó a otorgar títulos a los pueblos. Es por ello que, cuando se consumó la Conquista, los tlatoque conservaron su poder, fueron reconocidos por los españoles como autoridades locales y obtuvieron ciertos derechos como vestir a la española y montar a caballo. Estos gobernantes, a los que también se les llamó caciques, aceptaron (por fuerza o por voluntad) la sumisión, y pactaron una alianza con los conquistadores, convirtiéndose así en intermediarios entre los pueblos indios y la autoridad española: este fue el origen de la encomienda.

La encomienda representó, entre otras cosas y en un principio, el modo idóneo de ejercer el gobierno, puesto que permitía la expansión y una mayor eficiencia en el control colonial; de ahí su jugoso valor. Es por ello que este sistema se propagó notoriamente en la Nueva España, en donde corregidores y alcaldes mayores lo ejercieron de manera más efectiva y prolongada.

Los corregidores fueron puestos en los señoríos donde no había encomenderos y funcionaron como jueces, alguaciles, recaudadores de tributos y como gobierno. Posteriormente, al avanzar el siglo XVII y desaparecer las encomiendas, los corregidores y alcaldes mayores rigieron todo el territorio con cierta autonomía, aunque siempre por periodos cortos, pues no se les permitía estar más de cinco años en el puesto.

La encomienda fue una institución característica de la colonización española en América. Se entendía como el derecho que daba el rey a un súbdito español, llamado encomendero, quien a cambio de los servicios que había prestado a la corona, recibía los tributos o impuestos de los trabajos que los indios realizaban en un territorio por la Corona (el *tributo* se pagaba en especie —con el producto de sus tierras—, en servicios personales, o con trabajo en los predios o minas de los encomenderos). A cambio, el encomendero debía cuidar de los indios tanto en lo espiritual como en lo terrenal, preocupándose de educarlos en la fe cristiana y de no hacerlos trabajar en domingo. Con la encomienda el rey garantizaba la presencia española en los numerosos pueblos indios y aprovechaba para afianzar pactos con los caciques locales.

Considerables abusos se cometieron a través de la encomienda. Españoles y caciques explotaron el trabajo del indio al grado de la esclavitud y generalmente no cumplían con sus obligaciones sobre el adoctrinamiento religioso; menos aún procuraron una vida pacífica a los indios. Estas arbitrariedades fueron denunciadas principalmente por algunos frailes que entablaron serias disputas contra los encomenderos, de quienes se hicieron enemigos. El más famoso impugnador de este sistema fue el dominico fray Bartolomé de las Casas, obispo de Chiapas, quien denunció, ante el rey, las atrocidades cometidas contra los indios.

La fuerza de estas quejas hizo que el monarca español consultara la cuestión en reuniones de juristas y teólogos, a partir de las cuales, en 1542, se estipularon una serie de leyes que transformarían el sistema: se prohibió la esclavitud de los indios y las encomiendas desaparecieron paulatinamente. Estas medidas no fueron del todo eficaces y los conquistadores se sintieron agraviados al no poder obtener los premios que deseaban por haber participado en la Conquista. Pero el inicio del dominio español no se hubiera concretado de no ser por esta cooperación entre caciques, encomenderos y frailes evangelizadores que tuvieron, como era de esperarse, diferencias y conflictos.

La preocupación mostrada por el rey de España ante estas cuestiones se debía fundamentalmente a su obligación de impartir justicia; desde siglos atrás, había sido el encargado de administrarla mediante sus jueces y tribunales, además de elaborar las leyes. Dado que el gobierno español era una monarquía, es decir que el poder residía en una sola persona, el monarca, buscaba verdaderamente gobernar a sus súbditos de la mejor manera, darles leyes justas y nombrar jueces letrados, así como vigilar el cumplimiento de la normatividad existente y "mantener al pueblo en justicia".

Un complejo sistema de leyes particulares (es decir, que no se aplicaban a todos por igual), eran usadas con el apoyo de la doctrina jurídica, consistentes en opiniones expertas de abogados y legistas cultos que escribían sobre alguna materia en especial. El rey estudiaba esta información antes de decidir sobre un problema o asunto. Los consejos reales estaban formados por hombres doctos en todas las materias a fin de obtener siempre la que consideraban como mejor respuesta a los problemas surgidos en los vastos dominios del imperio español, al otro lado del Océano Atlántico.

Estructura social de la Nueva España

Españoles o peninsulares: nacidos en España, vinieron a América donde comenzaron negocios como el comercio, la minería y la ganadería. Eran los propietarios y tenían todos los derechos.

Criollos: hijos de españoles peninsulares, nacidos en América. No gozaban de privilegios como sus padres, pero participaban activamente en la administración de los bienes y en trabajos públicos menores. En este grupo social se gestó el sentimiento de independencia.

Mestizos: hijos de españoles e indígenas. Estaban relegados a trabajar la tierra y el campo, al comercio en tareas menores como la arriería, y no podían aspirar a los cargos públicos importantes.

Indígenas: población nativa de América que fue concentrada en los pueblos de indios para su evangelización. Participaban en distintas actividades económicas como mano de obra.

Por otra parte, el gobierno virreinal fue consolidando un aparato burocrático para remediar las necesidades de la Nueva España. Además de la Audiencia y los tribunales existentes, en 1592 fue creado el Juzgado General de Indios para atender de manera específica los problemas legales de los pueblos de indios. Para dar mayor eficacia al sistema hacendario fue creado el Real Tribunal de Cuentas, en 1605. Las relaciones de poder entre los distintos grupos dominantes habían llegado a un equilibrio que reflejaba paz, cierta estabilidad y un buen desarrollo de la actividad económica.

Los virreyes (las autoridades máximas designadas por el rey de España para gobernar la Nueva España) no siempre tenían el conocimiento necesario para hacerse cargo de los asuntos novohispanos. Esto generó diferencias entre ellos y los criollos, quienes tenían una perspectiva muy distinta. Esta situación provocó muchos desacuerdos y, por ende, problemas y enfrentamientos entre las distintas autoridades locales, como sucedió en el famoso motín de 1624.

El motín de 1624

Uno de los mayores escándalos de la Nueva España fue el que protagonizó el virrey Marqués de Gelves, quien, al ver la hambruna predominante durante ese año, decidió concentrar granos de comida para tener una reserva, y así prevenir cualquier crisis de alimentos. La decisión del Marqués, sin embargo, fue contraproducente, ya que surgió el rumor de que éste concentraba comida para acaparar y posteriormente especular con ella. El prestigio del virrey, ya bajo tela de juicio, siguió corriendo con mala suerte cuando un explotador de indios, previamente encarcelado por el virrey, escapó para refugiarse en una iglesia pidiendo asilo eclesiástico, es decir, protección ante la autoridad civil. El virrey consideró que el fugitivo no era merecedor de este derecho, lo cuestionó ante un juzgado y obtuvo la razón. Al ver esto, el arzobispo excomulgó a los jueces, pero el virrey lo amenzó con el destierro, y le pidió se retractara. El arzobispo, a su vez, amenazó al virrey con la excomunión. Todo sucedió: el virrey fue excomulgado y el arzobispo detenido. Como consecuencia de la detención del arzobispo, el pueblo se amotinó dando lugar al motín de 1624, y el rey Felipe IV, descontento con ambos personajes —virrey y arzobispo—, los trasladó a distintas partes de Europa.

El revuelo que se armó con el motín sirvió para advertir a España sobre el grado de complejidad que habían alcanzado los asuntos novohispanos, en donde los intereses criollos influían de manera importante en las decisiones políticas.

El siglo XVII llegó colmado de buenas expectativas en lo económico. Había abundancia de trigo y azúcar gracias al éxito del cultivo del trigo y la caña. Las minas se explotaban con excelentes utilidades y los obrajes abastecían de textiles a los principales centros de población. Sin embargo, y aunque parezca contradictorio, esta prosperidad no enriqueció a España, quien, por estar metida en costosas e interminables guerras con las naciones europeas, tuvo que buscar otro tipo de relaciones comerciales con los reinos americanos (la Nueva España y Perú) para conseguir más recursos. Esto permitió el comercio entre los dos virreinatos, y demostró la importancia de los cabildos (principalmente el de la ciudad de México), quienes adquirieron una relativa autonomía política.

Cabildos

También se les conocía como Ayuntamientos. El Cabildo estaba formado por los principales vecinos de un pueblo, villa o ciudad, y podía haberlos de indios o de españoles. A través de ellos, los pobladores podían hacer cosas como legitimar la fundación de su pueblo, quejarse ante el rey, realizar obras urbanas, asegurar el abasto de alimentos y actuar ante los desastres naturales. Algunos cabildos adquirieron mucho poder ya que estaban formados por personas con intereses políticos y comerciales afines, quienes, además, estaban unidos por lazos familiares. Desde el momento mismo de la Conquista hasta los intentos de Independencia, estos organismos se hicieron escuchar ante el rey.

Poco a poco, y por momentos, la Nueva España empezó a navegar entre las aguas de la estabilidad y la paz, aunque en ocasiones se alteraba la calma. El 8 de junio de 1692 ocurrió otro motín en la ciudad de México, que también puso al descubierto las tensiones entre los distintos grupos sociales. Debido a una temporada de sequía seguida de otra de excesivas lluvias, el maíz escaseó. A pesar de que el gobierno virreinal tenía previsto un sistema de depósitos para el abasto, el cereal almacenado no era suficiente para satisfacer las demandas de la población, que se agrupó en la plaza mayor exigiendo su distribución.

La multitud, azuzada por españoles pobres e inconformes, apedreó e incendió el palacio real al grito de: "¡Viva el rey y muera el gobierno! ¡Vamos a matar gachupines o que se vuelvan a su tierra!". Los resentimientos estallaron entre los españoles peninsulares, los criollos, los mestizos y los indios, que saquearon las tiendas de los españoles ricos, se cobraron venganzas y hubo muertes; muchas personas de todos los grupos sociales murieron.

Las autoridades respondieron con dureza y aprehendieron a los principales sospechosos; luego los ejecutaron y sus cuerpos fueron expuestos en la misma plaza para escarmiento público. Una tensa calma reinó los días siguientes; las cosas robadas aparecieron abandonadas en las acequias, se prohibió la venta del pulque y los indios fueron obligados a regresar a los barrios en donde estaban confinados (pues en esa época no se les permitía vivir dentro de la ciudad).

Este tipo de situaciones intensificó aún más las inconformidades entre peninsulares y criollos, y aunque estos últimos todavía no tenían un deseo de independencia política (faltaba mucho camino para llegar a eso) fueron acuñando un gradual sentimiento de orgullo novohispano.

La Organización Política de América

Dada la distancia con sus territorios en América, el rey no podía tomar decisiones directamente, por lo cual creó una estructura para gobernarlos, y fue así que se constituyeron los virreinatos. Las autoridades que ayudaban al rey para su gobierno en América (y estaban en España) eran:

El Consejo de Indias: aconsejaba al rey sobre las leyes para América y el nombramiento de los funcionarios.

La Casa de Contratación: ubicada en Sevilla, realizaba los contratos comerciales con los capitanes de barcos, tripulación y sus dueños, y controlaba las mercaderías que salían de España para América y las riquezas que recibía el rey.

Las autoridades que ayudaban al rey para su gobierno en América (y estaban en América) eran:

El Virrey: autoridad máxima de un virreinato.

La Real Audiencia: constituida por unos ocho oidores que controlaban a las autoridades políticas.

El Gobernador: autoridad máxima de una gobernación (los virreinatos se subdividían en gobernaciones como un país se subdivide en provincias).

El Cabildo: autoridad máxima de un municipio formado por varias personas.

Los Consulados: se encargaban de resolver los problemas de comercio en las diversas zonas.

Los Capitanes Generales: autoridades máximas en materia militar.

Los Adelantados: eran los primeros en llegar a una zona americana para descubrirla, explorarla, conquistarla e iniciar la colonización.

Bajo el signo de la cruz

Desde el inicio de la Conquista, debido a un antiguo privilegio (el Patronato regio) otorgado por el Papa a los reyes de España, el pontífice romano en turno pudo llevar a cabo la fundación de la Iglesia en la Nueva España a través del poder de la corona y sus recursos. El establecimiento de la Iglesia se hizo mediante dos proyectos: el primero, el de la Iglesia misionera, sostenida por los frailes de las órdenes franciscana, dominica y agustina principalmente, y el segundo, el de la Iglesia diocesana, basada en las parroquias con curas y organizadas en una diócesis —territorios eclesiásticos— encabezada por un obispo.

La Iglesia misionera tenía como fin evangelizar a los indios; los frailes les trasmitían los fundamentos de la fe cristiana y los bautizaban para incorporarlos a la grey católica. Para poder atender el crecido número de indios que había en los pueblos, los frailes se hacían ayudar de aquellos más aventajados en el conocimiento de la fe para que a su vez enseñaran a otros. Además, se dedicaron con esmero a los niños, en especial a los hijos de los caciques para que, con su ejemplo, sus padres aceptaran la nueva religión.

Para poder abarcar a toda la población india, los frailes inventaron un sistema de visitas, que consistía en acudir hasta las comunidades más pequeñas, una vez a la semana o al mes, dependiendo de la lejanía que tuviera del pueblo principal. Allí, se dieron a la tarea de destruir la creencia de los pueblos mesoamericanos en sus dioses para infundir la creencia en un solo dios, el cristiano.

Sin embargo, muchos indios continuaron sus antiguos ritos a escondidas. Para evitarlo, los evangelizadores idearon formas de descubrir a aquellos que no estaban convencidos de practicar la nueva fe, por ejemplo el teatro. Hubo otros frailes que emprendieron la destrucción de las construcciones y objetos religiosos, representaciones o figuras de barro divinas —llamadas ídolos— que consideraban demoníacas.

Pero hubo otros frailes interesados en hacer un recuento del pasado de los indios, de su historia, de sus costumbres, sus creencias y sus escritos. Pensaban que si conocían bien su antigua religión, podrían convertirlos al cristianismo con mayor facilidad y darse cuenta si había confusiones o prácticas que en el fondo no fueran cristianas.

Uno de estos frailes, de importancia fundamental, fue fray Bernardino de Sahagún. Participó en la fundación del Real Colegio de la Santa Cruz de Tlatelolco, donde reunió a un grupo de estudiantes indios que además de hablar el náhuatl, aprendieron el español y el latín. Junto con ellos elaboró un cuestionario que fue enviado a indios ancianos de diversos pueblos, quienes respondieron todo lo que recordaban sobre su forma de vida antes de la llegada de los españoles. Con esta información escribió varias obras entre las que destaca la *Historia general de las cosas de Nueva España*. Aunque Sahagún no la escribió con ese objeto, hoy día esta obra tiene un gran valor etnográfico, histórico y antropológico.

El Real Colegio de la Santa Cruz fue un establecimiento educativo que se construyó en Tlatelolco, pocos años después de la Conquista. Fue la primera institución de enseñanza europea que se estableció en el Nuevo Mundo. El Colegio de la Santa Cruz quedó bajo el cuidado de los franciscanos, y fue establecido bajo el patrocinio del primer virrey de la Nueva España, Antonio de Mendoza, y el primer obispo de México, fray Juan de Zumárraga. El sitio escogido fue uno donde en la época precolombina los mexicas habían edificado un *calmécac* —una casa de enseñanza para los jóvenes nobles del pueblo mexica—. Fue inaugurado el 6 de enero de 1536, aunque había funcionado como escuela para indios desde el 8 de agosto de 1533.

Buena parte de los frailes tuvo que aprender las lenguas que hablaban los indios, a fin de comunicarse con ellos e instruirlos mejor. Para eso escribieron catecismos en las diversas lenguas, como el que hizo fray Juan de Zumárraga especialmente para los niños nahuas en 1543, el publicado por fray Benito Fernández en mixteco en 1550 y el hecho por fray Pedro de Gante en 1553 en náhuatl. Otros redactaron vocabularios o gramáticas como instrumentos de aprendizaje de los idiomas mesoamericanos, como el *Vocabulario* escrito por fray Alonso de Molina, en 1555, en castellano y mexicano (como le llamaban al náhuatl) y el *Arte de la lengua de Michoacán* que hizo fray Maturino Gilberti en 1558 para el conocimiento del purépecha.

A los conventos fundados en los pueblos indios se les conoció como "doctrinas"; que funcionaban como parroquias sin serlo realmente. Allí, además de enseñarse el catecismo, se impartían los sacramentos y se vigilaba que los indios cumplieran con sus obligaciones cristianas, como asistir a misa los domingos y observar las fiestas.

Además, se fundaron cofradías (asociación de devotos para obras piadosas), se realizaban las fiestas patronales y se hacían procesiones. En muchos de ellos se instalaron asimismo hospitales donde se atendían a los enfermos, a los huérfanos y a los indigentes. Así, la vida en torno a los conventos adquirió gran importancia para los indios, pues se convirtieron en lugares de reunión que les dieron sentido de identidad y permanencia ante la violencia de los conquistadores, encomenderos y otras desgracias como las epidemias.

Por otro lado, el proyecto de establecimiento de la Iglesia diocesana tuvo un proceso más lento. En un principio la historia de la Iglesia se vio dominada por los frailes —también conocidos como el clero regular—, pero poco a poco fueron teniendo mayor presencia e importancia los miembros del clero secular, es decir, los sacerdotes formados en los seminarios y jerarquizados bajo el mando de un obispo. Los obispados o diócesis tenían su asiento —cátedra, silla— en una catedral.

Así pues, la Iglesia diocesana fundó en la Nueva España varias catedrales en el siguiente orden: Tlaxcala (después llamada Puebla-Tlaxcala y trasladada de Puebla de los Ángeles), en 1525; México, en 1529; Oaxaca, en 1535; Michoacán (primero en Pátzcuaro y luego en Valladolid), en 1536; Chiapas (en Ciudad Real, hoy San Cristóbal de las Casas), en 1539; Guadalajara, en 1548, Yucatán (en Mérida), en 1561 y Durango, en 1620.

En virtud del Patronato regio que ejercía el rey, éste proponía a los obispos y el Papa los ratificaba. Los obispos fueron los principales impulsores de obras espirituales y materiales en las ciudades desde las que gobernaban sus extensas diócesis. Junto con los cabildos catedralicios dieron magnificencia al culto católico al construir catedrales, erigir altares y capillas, formar bibliotecas, fundar numerosas obras de beneficencia (como hospitales, hospicios, escuelas y colegios), además de que realizaron préstamos de los recursos eclesiásticos que fueron de beneficio para los propietarios del campo y las ciudades.

El Patronato regio (o Derecho de patronato) consistió en el conjunto de privilegios y facultades especiales que los Papas concedieron a los reyes de España y Portugal a cambio de que estos apoyaran la evangelización y el establecimiento de la Iglesia Católica en América. El Patronato regio permitió que la Iglesia contara con numerosos misioneros, dispusiera de los recursos económicos y financieros necesarios y, sobre todo, facilitara su movilización y distribución. Sin embargo, tuvo también otras consecuencias menos favorables para el Papa, como el sometimiento de la Iglesia al poder real, el aislamiento de Roma y la relajación de la disciplina eclesiástica y religiosa al debilitarse la autoridad de los obispos y superiores religiosos.

El obispo tenía la obligación de hacer la visita pastoral a todas sus diócesis que en aquella época eran enormes, pues abarcaban varios de los que hoy conocemos como estados de la República. En esas visitas se supervisaba a los párrocos, se informaba de su comportamiento, se revisaba que llevaran en orden sus libros de actas y que las iglesias estuvieran en estado decoroso. Los feligreses, que acudían por miles para ver a su prelado (la autoridad superior de un convento), recibían el sacramento de la confirmación y aprovechaban la visita para trasmitir sus quejas o inquietudes, además de hacer grandes fiestas.

Inicialmente la tarea exclusiva de los frailes (es decir, la Iglesia misionera), era la de evangelizar, en tanto que la obligación de los párrocos (es decir, la Iglesia diocesana), consistía en la diaria administración de los sacramentos, el registro de los bautizos, los matrimonios y las defunciones, y la enseñanza del catecismo.

Así que cuando los frailes terminaron la evangelización, entraron en conflicto con los obispos, pues estaba previsto por las autoridades eclesiásticas que, una vez realizada su labor, las doctrinas que ellos habían fundado debían convertirse en parroquias, tener un cura y estar bajo la jurisdicción del obispo. Esto provocó que sus visiones se enfrentaran; los frailes se resistían a entregar las doctrinas argumentando que no había suficientes sacerdotes, y que su labor no estaba concluida. Con el tiempo los obispos consolidaron su poder y las doctrinas fueron secularizadas, es decir, los frailes se retiraron a sus conventos en los pueblos y los párrocos tomaron su lugar.

Bajo la jurisdicción parroquial, la feligresía fue obligada a pagar el diezmo —impuesto del diez por ciento que se debía pagar al rey—, dinero con el cual se realizaban las obras de la Iglesia. Además, la población mestiza fue creciendo y, al considerársele española, se le incorporó al sistema parroquial, por lo que la riqueza de la Iglesia creció considerablemente. Por su parte, los indios cristianizados (exentos del pago del diezmo), fueron asimilándose —por aculturación o mestizaje— cada vez más a las poblaciones hispánicas.

San Felipe de Jesús: símbolo de identidad criolla

Felipe de Casas Martínez nació en la ciudad de México, hijo de comerciantes españoles. Viajó a las Islas Filipinas a probar suerte y en Manila se hizo fraile franciscano. De regreso a la Nueva España, una tormenta desvió la embarcación y naufragó en las costas de Japón. Como el gobierno japonés consideraba peligrosa la presencia de misioneros, Felipe de Jesús junto con veinticinco compañeros y japoneses convertidos al cristianismo, fueron apresados y ejecutados en Nagasaki el 5 de febrero de 1597. Para los novohispanos fue motivo de orgullo tener a un compatriota convertido en mártir de la fe cristiana, por lo que su popularidad fue creciendo, desde su beatificación en 1627. Su fiesta, el 5 de febrero, se convirtió en una de las principales celebraciones. Su efigie fue colocada sobre el águila y el nopal, y durante años esta imagen se reprodujo en estampas y libros, convirtiéndose en una de las banderas del criollismo novohispano.

Otra forma de mantener el orden católico en la Nueva España fue el establecimiento de la Inquisición, órgano que logró la imposición de normas mediante el castigo y la censura de prácticas que se consideraban heréticas. Para castigar las alteraciones en el orden religioso, el primer obispo de México, fray Juan de Zumárraga, fungió como el primer inquisidor de México y aunque al principio algunos indios estuvieron bajo su jurisdicción, en 1573 fueron eximidos. Durante poco más de dos siglos de existencia, la Inquisición persiguió lo que ellos consideraban numerosos delitos, entre ellos, la bigamia —estar casado, o casada, simultáneamente con más de una persona—, la blasfemia, la idolatría, la hechicería y la superstición.

Asusta pensar que practicar otra religión se castigaba duramente; por ejemplo, aquellas personas que fueron descubiertas profesando el judaísmo, fueron condenadas a morir en la hoguera u obligadas a vestir un traje amarillo (llamado sambenito), que los hacía objeto de insultos y maltratos de las demás personas. En aquella época, no sólo la Inquisición aplicaba penas severas; todos los jueces y tribunales tenían prácticas similares, que podían ser terribles y dolorosas, además de que la tortura y la pena de muerte eran legales.

La Inquisición también se ocupaba de censurar todo tipo de expresiones; por ejemplo, todos los escritores debían someter sus textos a la aprobación de los inquisidores para que no se publicara nada contra la fe cristiana, ni se cuestionaran los fundamentos del poder real y eclesiástico.

"El 10 el Santo Tribunal [de la Inquisición] celebró en el Convento de Santo Domingo el Real, Auto particular de la Fe, de cuatro reos, tres que pasaron a segundas nupcias estando viva la primera mujer y el otro blasfemo, hipócrita y embustero, y el día siguiente en conformidad de su sentencia, fueron paseados y azotados por las calles acostumbradas e inmediatamente despachados a los lugares deputados para su castigo y penitencia."

Noticia aparecida en la *Gazeta de México*, diciembre de 1730.

Todos los libros que llegaban de España pasaban por la inspección de un agente de la Inquisición a fin de que no fueran introducidos a la Nueva España libros considerados peligrosos, cuyos títulos se publicaban periódicamente en el *Índice*, que era la lista de los libros prohibidos.

El calendario por el que se regía la vida cotidiana correspondía al de las festividades consagradas por la Iglesia. Las campanas de los templos y conventos marcaban las horas del día, las llamadas a misa, las solemnidades, el rosario, los duelos, las buenas noticias, las desgracias, los incendios y todo acontecimiento digno de ser anunciado.

La Iglesia se convirtió en la institución social por excelencia al proporcionar educación y beneficencia. Asimismo controlaba también la banca: debido a los recursos que administraba, era la gran prestamista a bajo interés y largo plazo de la Nueva España. Contaba, a su vez, con una importantísima red administrativa: tenía el registro de la población, el cual aportaba datos sobre el estado en que vivían las personas de acuerdo a su origen racial y estrato social, sobre su forma de vida, sus costumbres y hasta sobre el medio geográfico que habitaban.

De entre los tres tipos de fiestas que se celebraban entonces (políticas, civiles y religiosas), las religiosas, también llamadas patronato, fueron parte fundamental de la organización social que enfiló la Iglesia; constituyeron uno de los mayores medios de expresión. En ellas se manifestaban las preferencias por algún santo, o alguna advocación de la virgen, se reconocía a la autoridad y se manifestaba la lealtad al poder del rey (aunque también, subrepticiamente, servían como válvula de escape ante la presión causada por las tensiones sociales, e incluso llegaban a ser violentas).

La fiestas religiosas constituyeron uno de los mayores medios de expresión de los habitantes. Fueron adquiriendo rasgos particulares según el pueblo, barrio o corporación religiosa que las llevara a cabo, ya que, para mayor efectividad, en cada lugar, los españoles buscaron plantear las fiestas de tal manera que no contrastara fuertemente con la tradición india.

Entre otras cosas, y debido a esa flexibilidad, poco a poco las tradiciones indias se fueron mezclando con las españolas; los ritos estaban conformados tanto por elementos indios como españoles. Las manifestaciones públicas y personales del culto divino y la veneración a los santos fueron parte fundamental de las prácticas religiosas. Vírgenes, cristos y santos sustituyeron a las antiguas deidades prehispánicas y los antiguos lugares de culto renovaron su aspecto; las danzas fueron musicalizadas con instrumentos autóctonos y europeos e integradas a los ritos cristianos.

No se trató de una simple sustitución de culto, sino de una integración gradual de la nueva religión y sus ritos, a la que se incorporaron antiguas formas de veneración. Las imágenes —representaciones de las vírgenes y santos— adquirieron una enorme importancia sobre todo entre aquellos grupos sociales que buscaban sus propios signos de identidad.

Un maya multilingüe

Gaspar Antonio Chi nació en Maní en los días en que los españoles comenzaban a hacer sus incursiones en el territorio maya. Hijo de nobles Xiu, perdió a su padre y tíos en una emboscada tendida por los Cocom, enemigos tradicionales de su familia. Fue instruido por los frailes franciscanos en el castellano y el latín, además del náhuatl. Era inteligente y acumuló la sabiduría del hombre maya, enseñó a leer y a escribir tanto a españoles como a indios nobles. Los españoles lo emplearon constantemente como traductor e intérprete de ambas lenguas indias. Por su boca fueron dictadas las sentencias a los miles de indios que fueron procesados por idolatría en tiempos de Fray Diego de Landa. En Tizimín fue sacristán, cantor y organista de su iglesia. En 1609 vio el matrimonio de una de sus nietas con un español en la catedral de Mérida.

La virgen de los Remedios —que fue la primera en la Nueva España—, la virgen de Guadalupe, el Señor de Chalma y San Miguel, entre otros, se convirtieron en poderosos focos de atracción religiosa. Las historias de sus apariciones o hechos extraordinarios asombraban y, al ser distintos de los que había en España, alimentaban un sentido de pertenencia.

Poco a poco amplios grupos de indios cristianizados imitaron a los españoles y, al igual que ellos, incorporaron tales creencias y nuevas supersticiones a su identidad: el sincretismo se manifestó en ambos sentidos. Tal fue el caso de los indios otomíes cristianos que participaron en la fundación de Querétaro. Según la tradición, el apóstol Santiago se había aparecido a los conquistadores y había combatido a su lado para vencer a los chichimecas. Así, este santo encontró enorme popularidad entre los indios otomíes al haberlos ayudado a imponerse a sus enemigos que habitaban aquellos parajes.

Indios, mestizos y criollos creían recibir la protección de los santos para sus cosechas y los nacimientos, pero también en las calamidades, en las epidemias y otros desastres de la naturaleza. Los creyentes retribuían la ayuda ofreciendo limosnas, fiestas, procesiones y numerosos exvotos.

Con el tiempo, toda esta serie de acontecimientos fueron recopilados y narrados por escritores y fueron tema de apasionados sermones. En ellos se hacía hincapié en la importancia de América frente a España y de cómo los dones sobrenaturales no se limitaban a Europa. La insistencia en este asunto tenía por objeto demostrar la importancia de lo americano frente al desprecio europeo.

Fiestas patronales

La vida cotidiana de los novohispanos estaba marcada por tres grandes ámbitos que se manifestaban a lo largo del año: el social, el espiritual y el político. Éstos determinaban las festividades, que la Iglesia promovía: los días en los que se celebraban a los santos patronos de las comunidades y de los gremios —fiestas patronales—, las fechas que señalaba el calendario religioso como momentos de esparcimiento —tal es el caso del carnaval— y los espacios donde la evangelización se unió con el teatro y lo festivo —como ocurrió en las pastorelas y las posadas—. En lo político, había momentos de festejo y gozo cuando llegaba un nuevo virrey, que no sólo suponía pomposas ceremonias religiosas y desfiles en la capital, también provocaba la edificación de arcos de triunfo y el desarrollo de lides poéticas.

Lo religioso fue fundamental en la formación de la conciencia de una nueva identidad y en la germinación del sentido de lo que sería la nacionalidad mexicana: el mayor de esos símbolos fue la virgen de Guadalupe, que sigue vigente hasta nuestros días.

El mestizaje y la población

La fundación de las ciudades hispanoamericanas constituye uno de los hechos más originales jamás ocurridos en la historia de la humanidad. La Conquista y colonización dio lugar a un nuevo tipo de ciudad, pues los españoles implantaron sobre el modelo urbano mesoamericano su ideal de ciudad renacentista. En pocos años se fundaron cientos de villas y ciudades, fenómeno único en la historia universal.

Las ciudades fueron la base de la Conquista, el punto de partida para nuevas exploraciones, el sitio donde residían las autoridades civiles y eclesiásticas y el lugar desde el que se controlaba el tributo y se realizaba el intercambio comercial. Este modelo de ciudad fue tan exitoso que casi no hay pueblo o ciudad de Hispanoamérica que no haya sido hecha conforme al mismo.

De acuerdo a la tradición mesoamericana, en las inmediaciones del templo había una plaza desde la que partían las calles, que se acomodaba al modelo reticular o de tablero de ajedrez que los europeos del Renacimiento tenían por útil y ordenado. Cortés aplicó este principio cuando ordenó el trazo de la nueva ciudad de México a Alonso García Bravo, quien la proyectó utilizando el diseño de Tenochtitlan. Se dibujó una amplia plaza en torno a la cual se establecieron la catedral, el palacio real, las casas del cabildo y el mercado.

Conquistador conquistado

Se habla mucho de la Conquista en una sola dirección, la hecha a los indios, pero se ignora aquella que también vivieron los españoles. Eran tan pocos los españoles respecto de la población india que cuando el hambre apretaba no tuvieron más remedio que comer tortillas. Tampoco tenían sus ollas de hierro y tuvieron que cocinarse en las cazuelas de barro, debieron hacer sus techos con los materiales disponibles, y hasta echaron mano del petate o hamaca a falta de cama. Para comunicarse tuvieron que aprender algo de las lenguas de los indios, y poco a poco hablaron un castellano salpicado de voces nativas. El tono rudo que daban a sus palabras se suavizó y hasta comenzaron a usar diminutivos. Los criollos, esos españoles que nacieron en América, fueron amamantados por las indias, y en las cocinas, chichiguas y pilmamas, les dieron su primera tortilla remojada en frijoles.

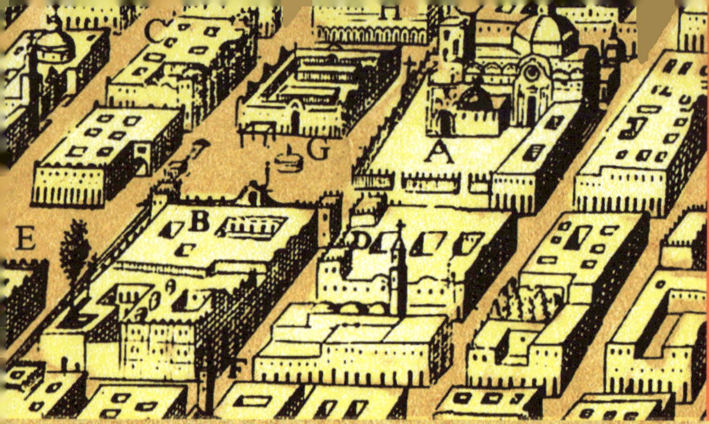

"No hay calle en ciudad alguna de la cristiandad que se acerque a las de México en limpieza y aseo, y mucho menos en la opulencia de las tiendas que las adornan."

Fray Thomas Gage,
México en 1625.

El rey Felipe II y sus consejeros apreciaron la utilidad de esta distribución de la ciudad por lo que se reglamentó para ser aplicada en las fundaciones urbanas sucesivas. Para los españoles, la ciudad no radicaba en el sitio donde se establecía, sino en las autoridades que la gobernaban, por eso cambiaron de sitio cuando fue necesario hacerlo.

Por ejemplo, la ciudad de Veracruz estuvo en diferentes lugares hasta que se encontró el que ofrecía las mayores ventajas para las embarcaciones y el traslado de mercancías, es decir, el puerto. Otro caso es el de Guadalajara; fundada en 1532, cambió de lugar tres veces por el asedio de los indios teules, hasta encontrar su sitio definitivo en el valle de Atemajac en 1542.

Algunas otras ciudades también se fundaron sobre poblaciones prehispánicas preexistentes, como México, Pátzcuaro (Michoacán), Antequera (Oaxaca) y Mérida (Yucatán). Otras, sin embargo, se fundaron como ciudades españolas en parajes alternos a lo que habían sido las ciudades indias, como fue el caso de Puebla de los Ángeles, respecto de Cholula y Tlaxcala, o la ciudad de Michoacán (después Valladolid, hoy Morelia), respecto de Pátzcuaro.

Una de las cosas que también se ordenaron fue la distribución de los pobladores de acuerdo a su origen racial. En todas las ciudades los españoles ocuparon los solares —terrenos— próximos a la plaza mayor, es decir, los céntricos. En la periferia se formaron los barrios indios, donde se confundían las casas con las parcelas, pues conservaron un carácter rural, aunque próximo a la vida citadina. Una línea divisoria pretendía mantener a los habitantes en su lugar, hecho que no se cumplió debido a la dinámica surgida entre ellos.

Los indios de los barrios servían en las casas de los españoles, desempeñando los oficios más diversos o vendiendo sus mercancías; muchos dormían dentro de las mismas casas de los españoles y, a la vez, algunos españoles pobres vivían entre los indios. Pero la realidad más patente fue el nacimiento de un grupo racial al que no se podía ubicar estrictamente en un lugar u otro: los mestizos.

Por ejemplo, cuando tuvo lugar el motín de 1692, las autoridades ordenaron a los indios que volvieran a sus barrios. Pero los españoles que tenían indios a su servicio los vistieron como españoles para conservarlos en sus casas, y aunque las autoridades respondieron con nuevas prohibiciones sobre la vestimenta, ya nada pudieron hacer para desatar los nudos de una fuerte trama racial y social que se había tejido entre unos y otros.

Uno de los peores saldos que la Conquista dejó, además de los muertos en batalla y el sometimiento violento de los indios, fue el gran número de muertes ocasionadas por las epidemias que azolaron, a lo largo del siglo XVI, sobre todo a la comunidad india, alterando de manera definitiva su vida. No se conoce el número exacto de indios que habitaban Mesoamérica a la llegada de los españoles y tampoco se pueden aseverar las cantidades exactas de muertes causadas por las guerras y las epidemias, pero los estudiosos han hecho esfuerzos importantes por calcular estos datos. Es posible que a la llegada de los españoles hubiera aproximadamente seis millones de habitantes indios y que, al cabo de 30 años, en gran medida debido a las enfermedades, haya muerto la mitad de ellos.

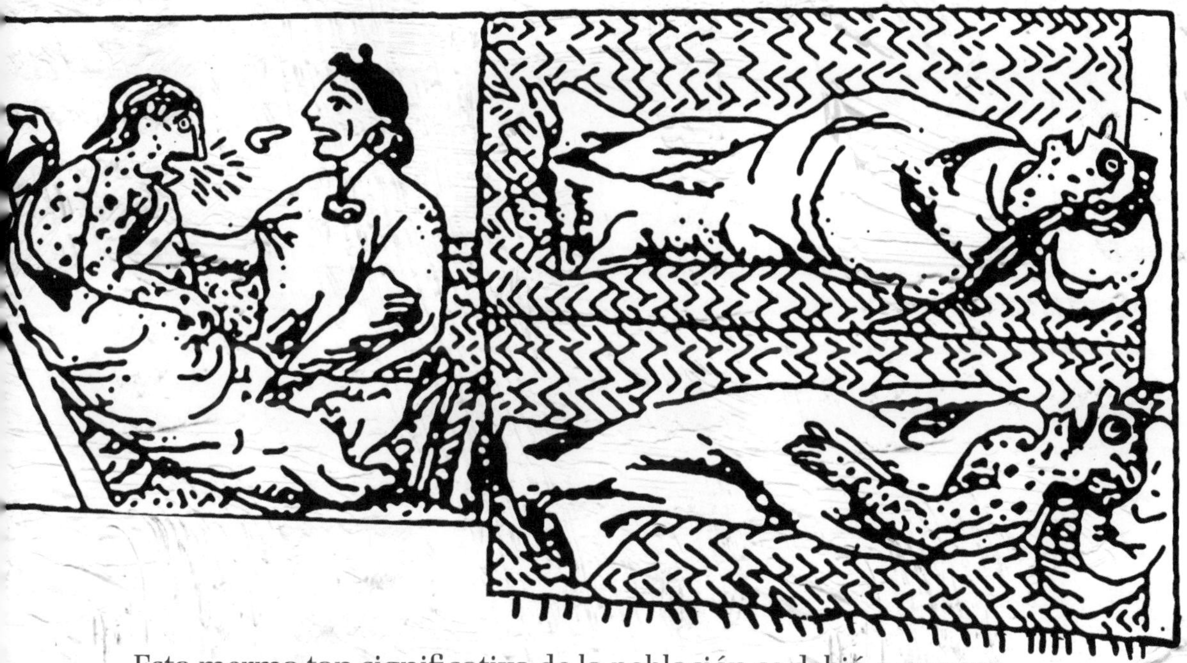

Esta merma tan significativa de la población se debió a que sus organismos no estaban preparados para las nuevas enfermedades traídas por los españoles, es decir, no poseían los anticuerpos para superarlas pues nunca habían sufrido de viruela o sarampión, que fueron de las enfermedades más letales. Los habitantes de las costas fueron los más afectados, pues en ellas la virulencia fue mayor debido al calor y la humedad, lo cual provocó una gran despoblación, mientras que tierra adentro y en las partes altas, los efectos fueron menos malignos.

Asimismo, la mengua en las poblaciones víctimas de epidemias, también provocó que los pueblos más pequeños prácticamente desaparecieran, que los campos se quedaran sin cultivar, y que se desarticularan las relaciones sociales y comerciales, y hasta las familiares, pues muchos quedaron solos o en completa orfandad. Aunado a esto, y desde la perspectiva del colonizador, no convenía tener un esquema de asentamientos humanos dispersos, ya que esto dificultaba la explotación, catequización y vigilancia de los indios.

Es por ello que, entre 1593 y 1604, surgió el decreto de las llamadas "congregaciones" de los pueblos. A los indios dispersos se les obligó a trasladarse a determinados pueblos, donde se reorganizó su vida y se les integró a las labores económicas. Éstos pudieron repartirse las tierras disponibles y al mismo tiempo iniciaron un modo de vida que poco a poco fue tornándose mestiza.

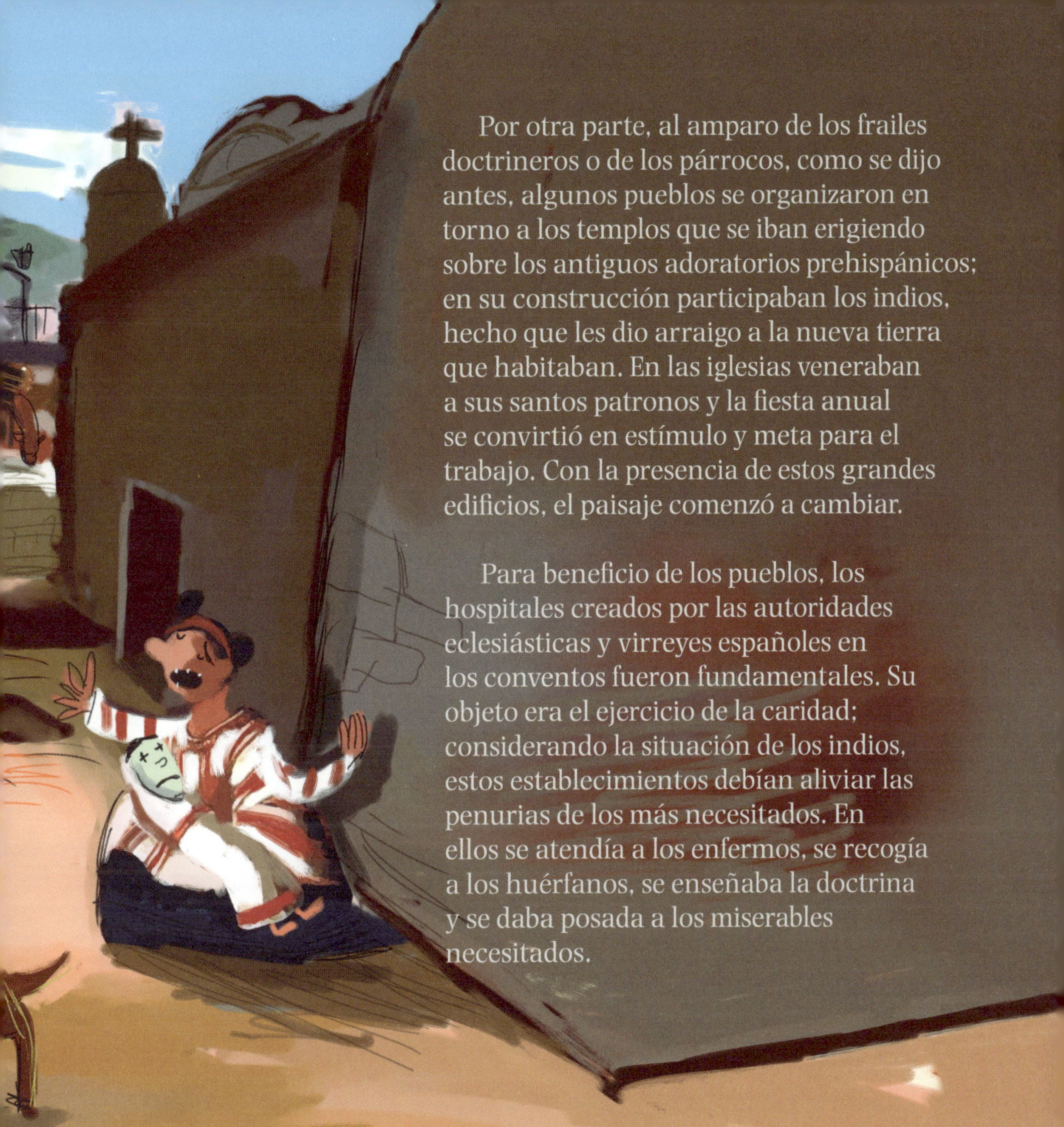

Por otra parte, al amparo de los frailes doctrineros o de los párrocos, como se dijo antes, algunos pueblos se organizaron en torno a los templos que se iban erigiendo sobre los antiguos adoratorios prehispánicos; en su construcción participaban los indios, hecho que les dio arraigo a la nueva tierra que habitaban. En las iglesias veneraban a sus santos patronos y la fiesta anual se convirtió en estímulo y meta para el trabajo. Con la presencia de estos grandes edificios, el paisaje comenzó a cambiar.

Para beneficio de los pueblos, los hospitales creados por las autoridades eclesiásticas y virreyes españoles en los conventos fueron fundamentales. Su objeto era el ejercicio de la caridad; considerando la situación de los indios, estos establecimientos debían aliviar las penurias de los más necesitados. En ellos se atendía a los enfermos, se recogía a los huérfanos, se enseñaba la doctrina y se daba posada a los miserables necesitados.

Para su sostenimiento contaban con los productos de las tierras que la Iglesia poseía. Aunque los hospitales se implantaron en la mayor parte de los pueblos de la región mesoamericana, sólo los fundados por Vasco de Quiroga funcionaron por largo tiempo, dada la manera en que fueron organizados y la importancia que representaron para los pueblos.

Además de los grupos de indios, españoles, y de las “mezclas” raciales, hubo un importante grupo de negros entre la población novohispana. Dado que los españoles ya tenían la experiencia de su estancia en las Antillas, donde la sobreexplotación y las enfermedades habían causado la muerte de casi todos los indios nativos, en la Nueva España (aunque los abusos fueron incontables y las enfermedades disminuyeron el potencial necesario para su trabajo) intentaron no caer en el mismo error para no perder la fuerza de trabajo. Entre las medidas que se tomaron para proteger a los indios estuvo la prohibición de su trabajo en las minas y en las haciendas azucareras, tareas muy duras en las que se decidió emplear esclavos negros.

La esclavitud (que también había existido en la época prehispánica) formaba parte de la cultura europea, para la que era necesaria. Los esclavos negros eran capturados en África, principalmente por los llamados “negreros” portugueses, y vendidos en Veracruz. Eran costosos, por eso no cualquiera podía poseer uno. Se calcula que hacia 1610 había unos 30 mil esclavos negros en toda la Nueva España. Además de empleárseles en las faenas más duras de la minería y el campo, fueron puestos como capataces al frente de cuadrillas de trabajadores indios. Las mujeres cumplían tareas domésticas en las casas de los españoles ricos, y formaban parte de los séquitos de las damas cuya ostentación y vanidad se manifestaban también en la riqueza con la que vestían y enjoyaban a sus esclavas.

La esclavitud no llegó, sin embargo, a alcanzar grandes proporciones. El número de esclavos llegó a intimidar a los españoles, siempre temerosos de que, debido al mal trato que muchos recibían, pudieran rebelarse.

No constituyeron un grupo absolutamente segregado o separado de la sociedad novohispana, pues acabaron formando familias tanto con españoles como con indios. Los hijos de esclavos eran considerados personas libres. Por otra parte, la manumisión, es decir, el derecho de los esclavos a comprar su libertad, estaba permitida, y por eso muchos de ellos trabajaron para pagarla. En algunas ocasiones no era extraño que los amos liberaran a sus esclavos.

Por todas estas razones la esclavitud no se difundió más, aunque el número de negros llegó a ser considerable, y tanto el color de su piel como sus rasgos físicos se fueron diluyendo e integrando en el activo mestizaje del siglo XVII. Sólo en algunas zonas costeras de los actuales estados de Guerrero y Veracruz subsistieron rasgos predominantes negros debido a la escasa presencia de indios.

Por otro lado, la población blanca (los españoles) fue, entre 1521 y 1821, la de menor proporción. Los españoles se dispersaron por el amplio territorio, muchos de ellos mezclándose con la población de los indios. Es probable que sólo cinco por ciento de la población total estuviera formada por los peninsulares. Al principio sólo los castellanos (es decir, de la región de Castilla) tenían permitido pasar a América, pues fue hasta el siglo XVII y XVIII que a españoles provenientes de otras regiones de la península ibérica se les permitió viajar.

Como parte del complejo entramado social de la Nueva España, hubo también, aunque en una ínfima proporción, algunos grupos de filipinos, a los cuales se les llamó "chinos" porque llegaron en la Nao de China, en la cual venían como sirvientes de españoles.

Se calcula que, hacia finales del siglo XVIII, los criollos y mestizos llegaron a constituir una parte importante de la población, aproximadamente una cuarta parte.

Aunque las ciudades habían visto crecer con mayor rapidez el mestizaje, hubo regiones del campo donde éste fue aún más activo: en las inmediaciones de las minas y las haciendas azucareras la presencia de esclavos negros dio lugar al mestizaje con los indios; los indios caciques habían casado a sus hijas con españoles, por lo que no era raro que los caciques de las generaciones siguientes fueran los propios españoles y sus hijos mestizos, y, además, muchos españoles pobres vivían entre los indios formando familias.

En las ciudades, los mestizos tenían mala reputación, pues no gozaban de los mismos privilegios ni derechos que los indios o los españoles, y por ello trataron de integrarse a uno u otro grupo según su tono de piel. Conforme creció este segmento de la población, cada vez que los padres llevaban a sus niños a bautizar, declaraban ser españoles, negando su mezcla racial, y así poder ganar para sus hijos una mejor posición social.

La educación

En aquella época (siglo XVII y buena parte del XVIII) la alfabetización no era un valor primordial; no se consideraba importante que la gente supiera leer y escribir, y la porción de la población que sí sabía se reducía a los gobernantes y su burocracia, así como a los clérigos. Algunos comerciantes dominaban las letras y se atenían a los conocimientos básicos de aritmética para manejar sus negocios.

La invención de la imprenta a mediados del siglo XV y su introducción en América, casi un siglo después, no hizo crecer el número de alfabetos porque la producción bibliográfica era mínima, aunque sí facilitó la difusión de los conocimientos. A esto se debe que no se haya organizado un sistema de educación elemental de importancia durante los dos primeros siglos del virreinato. La educación fue más bien una preocupación de la Iglesia y no de la autoridad civil, por eso se verá que la mayor parte de los establecimientos educativos estuvieron a cargo de religiosos.

Para catequizar o "convertir" a los indios a la religión católica, los frailes habían tenido que echar mano de métodos y materiales pedagógicos para personas de todas las edades. Los hijos de los indios caciques aprendieron pronto y con su ejemplo se facilitó el trabajo de las conversiones.

Sin embargo, este esfuerzo fue menguando cuando la población india disminuyó por las grandes mortandades y cuando se consideró que el objetivo de la evangelización estaba cumplido en gran parte. Por esto, y porque sus tareas se centraban en sus obligaciones conventuales, la educación básica fue unos de sus intereses secundarios. Aun así, algunos conventos abrieron escuelas donde instruyeron en las primeras letras a los hijos de los españoles y a pocos indios.

Por otra parte, el gobierno virreinal dio licencia a maestros llegados de España para abrir sus propias escuelas en las principales ciudades donde se recibían a niños no indios de diversa edad. No había separación por grados y los conocimientos adquiridos no eran evaluados o certificados por las autoridades, pues bastaba que los niños aprendieran la doctrina cristiana, a leer, a escribir y a hacer las cuatro operaciones matemáticas básicas.

Una de las órdenes fundamentales en la educación fue la Compañía de Jesús, que había surgido como promotora de la educación de los jóvenes, en el marco del propósito de la Iglesia universal de conservar la ortodoxia cristiana. En pocos años, el prestigio de sus miembros, los jesuitas, se expandió por Europa, razón por la que su presencia en México a partir de 1574 fue requerida por todas las autoridades y miembros de la sociedad hispánica que conocían su labor. La excelente formación de sus miembros, su rigorosa disciplina y comportamiento ejemplares, hicieron de los jesuitas sabios maestros y magníficos sacerdotes.

Su sistema educativo, aunque conservador, era innovador por los métodos pedagógicos que aplicaron en sus colegios, donde pretendían dar educación a todos los individuos, sin importar su origen racial ni sus posibilidades económicas. Creían más en los estímulos y premios que en los castigos, además de realizar concursos y teatro escolar para ejercitar la memoria.

Puede decirse que en los colegios jesuitas se estudiaba el equivalente a lo que hoy llamaríamos primaria, secundaria y bachillerato. Luego de las primeras letras, los niños de 7 años iniciaban el aprendizaje del latín, lengua por la que se accedía a los conocimientos de la época; luego los estudios proseguían en artes y teología, los que una vez concluidos servían para ingresar a la Universidad.

Los jesuitas habían llegado a la ciudad de México en 1574, y aunque allí fundaron su primer colegio, el Colegio de San Pedro y San Pablo, rápidamente fueron por otras ciudades abriendo más colegios, con la contribución de hacendados, mineros y comerciantes. A lo largo del siglo XVI fundaron colegios en Pátzcuaro (Michoacán), Antequera (Oaxaca), Valladolid (Michoacán), Puebla, Veracruz, Guadalajara, Zacatecas, Durango y San Luis de la Paz; en el siglo XVII fundaron otros más en Mérida, San Luis Potosí, Querétaro, Parral, y Ciudad Real (Chiapas), y durante el siglo XVIII establecieron más colegios en Chihuahua, Celaya, Guanajuato y León. La excelencia de la educación jesuita, sin embargo, acabaría con la expulsión de la Compañía de Jesús de todos los dominios españoles, ocurrida en 1767.

Por otra parte, las distintas órdenes religiosas tenían sus propios colegios en los que preparaban a sus miembros. Valladolid, Puebla, Guadalajara, México, Mérida, Durango, Ciudad Real (Chiapas) y Monterrey, todas sedes de obispado, tuvieron sus propios seminarios para los sacerdotes seculares. Una vez concluidos sus estudios, sacerdotes o frailes podían continuar su preparación en la Universidad.

La Universidad era otro centro de estudios. Uno de los valores medievales que heredaron los conquistadores fue el de la adquisición de nobleza mediante los méritos militares. Como muchos de éstos y sus hijos nunca fueron recompensados, sus descendientes buscaron hacer méritos en la burocracia real o eclesial conforme a los nuevos valores humanistas. Para lograrlo era preciso estudiar más, por eso una de las primeras preocupaciones surgidas entre las autoridades novohispanas fue la fundación de una universidad, abierta en 1553.

La Real y Pontificia Universidad recibió este nombre debido al interés del rey y del Papa por auspiciar una institución que formara funcionarios para conservar los fundamentos del poder y la integridad de la fe cristiana. Aunque la mayor parte de sus maestros eran religiosos y sacerdotes, la Universidad no fue una institución sólo eclesiástica, sino un lugar donde confluían también los intereses de la sociedad letrada en aras del desarrollo cultural.

La Universidad tenía cinco facultades: Teología, Derecho Canónico, Derecho Civil, Medicina y Artes. En ellas se prepararon clérigos, abogados y médicos que además de funcionarios fueron maestros universitarios y escritores cuyas obras trataban de los problemas morales, jurídicos y científicos de su época. Además, como el aprendizaje de las lenguas indias era indispensable para los sacerdotes, hubo cátedras de náhuatl y otomí. México, Lima (Perú) y Guatemala podían preciarse de ser las únicas ciudades americanas con Universidad, distintivo que las colmó de orgullo y prestigio.

Aunque el propósito primordial de la educación de los indios era la enseñanza de la fe cristiana, algunos frailes tuvieron interés en dar una mayor instrucción. En el colegio de la Santa Cruz de Tlatelolco, fray Bernardino de Sahagún enseñó castellano y latín a jóvenes indios, aunque también ellos le enseñaron sus conocimientos.

Vasco de Quiroga fundó en Pátzcuaro el colegio de San Nicolás para indios y españoles, pero además procuró que en los pueblos de la provincia de Michoacán hubiera una escuela donde se enseñara a leer y a escribir a los niños indios.

Prácticamente todos los colegios jesuitas admitieron a indios; sin embargo, casi ninguno podía aspirar a tener mayores estudios. Considerando que una buena parte de los estudios estaba destinada a la formación clérigos, los indios no proseguían en ellos pues no se les permitía ordenarse sacerdotes.

Motivo de orgullo de las ciudades novohispanas fueron los conventos femeninos. Su organización sólo podía realizarse en las ciudades. Su fundación debía gestionarse ante el obispo —a cuyo cargo quedaban—, pero era la sociedad la que hacía posible su existencia mediante donativos y patrocinios. Ricos mineros y comerciantes se hicieron patronos y aportaron el dinero para la construcción y adorno de las iglesias, así como de los claustros donde de por vida se recluían las monjas. Éstas, a través de la oración, pedían por sus benefactores y por los habitantes del reino.

Los conventos, salvo algunas excepciones, estaban formados por una numerosa comunidad de mujeres, pues, además de las monjas, había niñas educandas, parientas, viudas, sirvientas y esclavas. Eran como pequeños pueblos amurallados, donde había cocinas particulares y generales, despensa, botica, ropería, lavaderos, fuentes de agua, celdas, habitaciones individuales, tendederos y un incesante ir y venir de esclavas y sirvientas, de monjas que se reunían para rezar y para bordar, para hacer flores de papel y para cocinar.

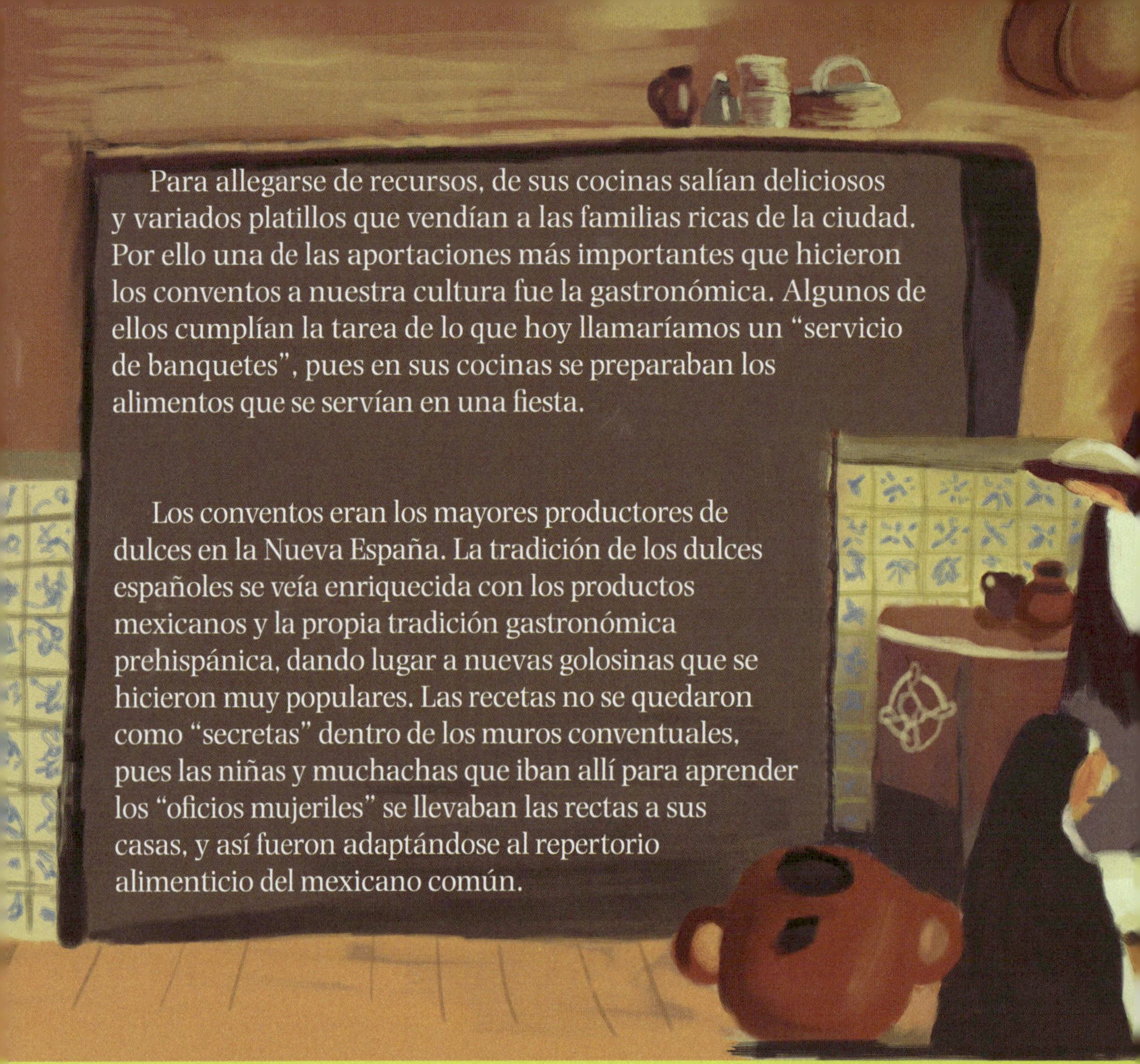

Para allegarse de recursos, de sus cocinas salían deliciosos y variados platillos que vendían a las familias ricas de la ciudad. Por ello una de las aportaciones más importantes que hicieron los conventos a nuestra cultura fue la gastronómica. Algunos de ellos cumplían la tarea de lo que hoy llamaríamos un "servicio de banquetes", pues en sus cocinas se preparaban los alimentos que se servían en una fiesta.

Los conventos eran los mayores productores de dulces en la Nueva España. La tradición de los dulces españoles se veía enriquecida con los productos mexicanos y la propia tradición gastronómica prehispánica, dando lugar a nuevas golosinas que se hicieron muy populares. Las recetas no se quedaron como "secretas" dentro de los muros conventuales, pues las niñas y muchachas que iban allí para aprender los "oficios mujeriles" se llevaban las rectas a sus casas, y así fueron adaptándose al repertorio alimenticio del mexicano común.

El chocolate

Diluido en agua, aromatizado con vainilla, endulzado con miel y coloreado con chile, la bebida favorita de los indios fue pronto aceptada y adoptada por los españoles quienes la dieron a conocer en Europa donde le pusieron azúcar y leche. Se le atribuyeron propiedades medicinales, aunque también hubo quien trató de probar sus efectos malignos. Se tomaba hasta cinco veces al día, y fue tan solicitado que hasta en misa las señoras se lo hacían servir por sus sirvientas. Se bebía espumoso, recién batido con el molinillo, servido en jícaras o tazones de talavera poblana. Dicen que el virrey Mancera, para poder vestirse sin tener que derramar la jícara del chocolate, inventó un plato para sostenerla, al que llamaron mancerina, y que se fabricaron primorosamente en plata para las mesas, o mejor dicho para las mesillas de noche de los señores. Su consumo fue tan abundante en los conventos, de hombres y mujeres, que no faltó algún fraile español que se refiriera con acritud a las religiosas mexicanas como "monjas chocolateras".

En la sociedad virreinal, las mujeres estaban excluidas de cualquier tipo de educación formal, pues ésta era exclusiva para los hombres. Al limitarse las actividades femeninas al hogar, ya fuera como hijas o como esposas, cualquier conocimiento que no fuera doméstico era considerado inútil. Se creía que así se las mantendría alejadas de los hombres y, en consecuencia, de las tentaciones, por lo que era mejor que permanecieran ocultas e incultas.

"Aprenderá, la muchacha, juntamente letras, hilar y labrar [bordar, deshilar]. [...] Aprenderá junto a esto [... a] guisar de comer, no de la manera que guisan los cocineros, ni cosas de golosinas, sino sobriamente y templada y limpia, y esto para que sepa contentar a sus padres y hermanos siendo doncella, y a su marido e hijos casada; y de esta manera granjeará mucho la voluntad de todos ellos."

Juan Luis Vives, "De cómo se han de criar las doncellas", *Instrucción de la mujer cristiana*, 1524.

Los conventos de monjas funcionaron en gran medida como establecimientos de enseñanza femenina. Muchas familias con posibilidades económicas enviaban a sus hijas a vivir en ellos, para que aprendieran labores de costura, a cocinar, a cantar y por supuesto a rezar. Y se consideraba que salían de allí listas para casarse.

Un caso excepcional fue el de Sor Juana Inés de la Cruz (1648-1695), una joven que no se casaría y que halló en los muros del convento la posibilidad de mantener una vida entre los libros y la escritura. Ella protestó duramente contra la idea de que las mujeres no debían recibir educación, particularmente en su texto conocido como *Respuesta a Sor Filotea de la Cruz.*

Sor Juana, con su conocimiento y sabiduría, iluminó a la Nueva España en la segunda mitad del siglo XVII. Contra la creencia de que las mujeres eran cortas de inteligencia, Sor Juana declaraba que la humanidad había sido dotada con el entendimiento por igual, por eso el género nada tenía que ver. En este verso dedicado a Santa Catarina, mujer de la antigüedad de asombrosa cultura e inteligencia, escribió a propósito:

De una Mujer se convencen
todos los sabios de Egipto,
para prueba de que el sexo
no es esencia en lo entendido.

Fruto de su talento y de las formas de la estética barroca, está este soneto:

**Yo no puedo tenerte ni dejarte,
ni sé por qué, al dejarte o al tenerte,
se encuentra un no sé qué para quererte
y muchos sí sé qué para olvidarte.
Pues ni quieres dejarme ni enmendarte,
yo templaré mi corazón de suerte
que la mitad se incline a aborrecerte
aunque la otra mitad se incline a amarte.
Si ello es fuerza querernos, haya modo,
que el morir el estar siempre riñendo:
no se hable más en celo y en sospecha,
y quien da la mitad, no quiera el todo;
y cuando me la estás allá haciendo,
sabe que estoy haciendo la deshecha.**

Cuando Sor Juana era pequeña, asistió a la escuela de "Amiga" —así se llamaban las escuelas para niños y niñas pequeños—, donde las maestras tenían por objeto enseñar la doctrina y a hacer labores de costura. Con suerte, como la que gozó Sor Juana, algunas maestras sabían leer y escribir, y podían enseñárselo a los niños. Conocer las operaciones matemáticas se consideraba también de cierta utilidad en la administración del hogar, por lo cual algunas monjas las incluían en sus enseñanzas. Estos conocimientos eran los máximos a los que las mujeres podían aspirar.

Desde los muros de su celda, en el convento de San Jerónimo, llena de libros, Sor Juana escribió miles de versos, y estudió todas las ciencias en los libros que tuvo a su alcance. Sin abandonar jamás el convento, por el voto de clausura que las monjas debían hacer, su notoriedad llegaba a España y Portugal.

En 1680, Sor Juana escribió el *Neptuno Alegórico*, donde, en una serie de versos latinos dedicados al virrey marqués de la Laguna, comparó a esta autoridad con el dios Neptuno, y a su esposa con la diosa Anfítrite. Estos versos fueron escritos sobre un arco triunfal que el cabildo catedralicio de México mandó erigir en una de las puertas de la catedral, para honrar la llegada del nuevo virrey, y por el que pagaron a la ilustre monja una generosa cantidad de dinero.

Para la misma ocasión, el cabildo civil, el de la ciudad de México, pagó también al amigo entrañable de Sor Juana, también científico y poeta, el sacerdote Carlos de Sigüenza y Góngora, por los versos de un arco que se tituló *Teatro de virtudes políticas*, en el que ponderó las virtudes de los antiguos reyes aztecas y las asemejó con las del virrey. Sigüenza ponderó el pasado mexicano de los antiguos aztecas para fortalecer el sentimiento del orgullo criollo, lo cual plasmó en diversas obras históricas.

En sus observaciones astronómicas, en particular sobre los cometas y los eclipses, logró gran precisión debido a su erudición en las matemáticas y a que poseía los mejores instrumentos científicos que pudiera haber en América, entre ellos un telescopio de cuatro lentes. Sus conocimientos le valieron diversos empleos y honores, como el nombramiento de Real Cosmógrafo del Reino, en 1680.

Además de haber informado al rey sobre las diversas obras públicas que se hacían en la ciudad, en 1693 Sigüenza formó parte de una expedición para explorar la costa norte del Golfo de México, que era entonces territorio español, desde la desembocadura del río Mississippi hasta la bahía de Panzacola (que está en el actual estado de Florida, Estados Unidos).

Colegios para mujeres

No sería hasta el año de 1767, cuando se abrió el Colegio de las Vizcaínas, exclusivo para mujeres, y más tarde dos colegios de la Compañía de María. El primero era manejado por seglares y el segundo por monjas, pero en ninguno la educación para la mujer fue más allá de asuntos de las primeras letras, la costura y cocina.

En su testamento dispuso que al morir, a su cuerpo se le practicara la autopsia, para que los médicos pudieran determinar mediante sus observaciones las causas de su muerte. Reunió una importante colección de documentos antiguos y libros que, junto con numerosos escritos que quedaron inéditos, se dispersaron y perdieron con el tiempo.

Un nuevo modo de vida

Para los españoles, la perspectiva de emigrar a América tenía el atractivo de la posibilidad de enriquecerse con facilidad. Cientos de españoles llegaban cada año a las ciudades buscando encontrar un modo de vida. Algunos venían como funcionarios reales o en puestos eclesiásticos: ellos formaban parte de una burocracia que se hacía notar por su forma de vestir y por sus privilegios.

Otros españoles llegaron para ejercer un oficio y ofrecer sus servicios: sastres, plateros, carpinteros, impresores, boticarios y muchos otros abrieron sus tiendas o se emplearon en las que ya existían. Poco a poco se fueron organizando en gremios, ubicados en talleres donde enseñaban el oficio. Si un muchacho deseaba ser carpintero, por ejemplo, entraba como aprendiz con un maestro carpintero que le enseñaba y supervisaba su trabajo. Pasado algún tiempo y evaluadas sus aptitudes, podía convertirse en oficial y percibir un pago por el trabajo que desempeñaba en el taller. Era hasta que el gremio lo juzgaba oportuno que un oficial podía ser maestro y tener su propio taller con oficiales y aprendices. En los talleres aceptaban mestizos, indios y negros, pero los gremios siempre cuidaron de dar preferencia a españoles y criollos.

Los gremios constituyeron un sector importante de la sociedad novohispana. Su fuerza las permitió defender sus intereses, formar cofradías que les daban presencia en las procesiones religiosas, construir por su cuenta capillas y pagar los ornamentos. Este sector comercial creció aceleradamente ante la abundancia de productos que se distribuían mediante un activo comercio al menudeo. Ropa, enseres y alimentos se expendían en tiendas de todos los tamaños y calidades. Los indios participaban en este comercio a pequeña escala vendiendo los frutos de sus parcelas y las cosas que confeccionaban.

"Hombres y mujeres vestidos de acuerdo a su condición étnica y social circulan por la plaza. Las damas españolas andan casi siempre en lujosos palanquines cargados por esclavos o en carruajes (...). Las mestizas y mulatas, no sujetas a la moda española, lucen faldas de alegres colores y grandes vuelos, con mantillas arriba de la cintura para lucir las caderas, aunque a veces también llevan la cabeza y medio cuerpo cubierto con paños negros. Las indígenas, con sus huipiles y refajos, cargan a sus niños con rebozos sobre la espalda. La vestimenta de los hombres era más homogénea; salvo algunos indios, que usaban pantalones y camisas de manta de algodón o una tilma que les servía de traje y cobija, casi todos los varones indios mestizos y mulatos se adoptaron a las modas españolas. Varios caballeros, a veces sobre sus cabalgaduras, y numerosos sacerdotes, van de negro, algunos con capas, otros con sombrero. Al parecer el uso de trajes coloridos era más común entre los hombres de las castas que entre los blancos."

"Descripción del cuadro de Cristóbal de Villalpando", Antonio Rubial García, *La plaza, el palacio y el convento*.

Uno de los productos, comercializado por los indios y de origen americano, que tuvo un enorme éxito en la economía novohispana fue la grana cochinilla. Este insecto, parásito del nopal, se usaba como tinte colorante para los textiles. Su cultivo estaba a cargo de los indios tanto de Oaxaca como de los de amplias regiones de Puebla y Tlaxcala, quienes lo recolectaban y procesaban en barras o "panes". Las autoridades (casi siempre los corregidores de los pueblos) se encargaban de su comercialización y traslado a los grandes centros de comercio, de donde era llevado a España y distribuido por toda Europa, donde tuvo gran éxito. Fue con la aparición de los tintes químicos en el siglo XIX que este producto cayó en desuso.

Organizados en un consulado de comercio, los grandes comerciantes novohispanos vivían en la ciudad de México. Su interés estaba centrado en los productos que venían de Filipinas (en la Nao de China a Acapulco), y los que venían de España a Veracruz en la flota. Seda, porcelana, canela, vino, aceite de oliva, almendras y objetos suntuosos eran objeto de sus negociaciones cada año al arribo de las naves.

Nao de China

Otro de los territorios conquistados por España fue Filipinas, un archipiélago al sudeste de Asia, con el cual estableció una ruta comercial que pasaba por el puerto de Acapulco. Dicho puerto sirvió como punto intermedio entre el comercio de España y Asia; de Acapulco salía tabaco, frijol, plata, camote, chocolate, garbanzo, sandía y algunos productos españoles como el vino o el aceite de oliva, mientras que de Manila (capital de Filipinas) salían mangos, arroz, objetos de seda, alfombras persas, abanicos japoneses, porcelana, pimienta y pólvora, entre otros. Esta embarcación fue conocida como la Nao de China y estuvo en actividad durante casi dos siglos. En ella no sólo se importaron productos, sino algunas costumbres como las peleas de gallos; o algunos personajes famosos como la china poblana, una "vidente" de origen asiático que vivió en Puebla.

Para abastecer los centros urbanos, los indios aprendieron a cultivar frutas y legumbres europeas que junto con las propias llevaban a los mercados. Lechugas, cebollas y manzanas (de origen europeo) eran transportadas junto a los jitomates, calabazas y chiles (de origen americano). En las huertas de los conventos habían aprendido el cultivo de las hortalizas y de los árboles frutales. Cultivaron el trigo e incorporaron a su dieta el pan que combinaron con otro producto que no conocían: el azúcar. Al introducirse la siembra de frutos provenientes de España, se introdujeron también cambios tecnológicos pues se incorporaron al trabajo del campo instrumentos de hierro como el arado, el azadón, la hoz y otras herramientas de uso agrícola.

La gran mayoría de los productos traídos a América se adaptaron al clima y al suelo, y, principalmente, eran controlados y trabajados por las haciendas. La caña de azúcar —que trajo Cortés —, que requería de suelos fértiles y agua abundante para su cultivo, fue uno de ellos. A partir de la caña se fundaron varias haciendas con sus campos de cultivo, su ingenio o trapiche —que es como se conoce al lugar donde se procesa y obtiene el azúcar— y otros productos derivados de la caña como el aguardiente y el piloncillo.

El pulque

Su consumo estaba restringido a los viejos en la época prehispánica, pero la embriaguez que observaron los indios entre los españoles, los eximió de tal restricción. Su abuso fue motivo de las airadas protestas de los frailes que nada pudieron hacer para evitarlo. Además de su carácter etílico, el pulque era remedio contra ciertas dolencias y se creía benéfico para las mujeres que amamantaban. Causaba repulsión a los europeos que lo tomaban por primera vez, pero era casi la única bebida que se podía encontrar en los caminos y en los pueblos sin dejar lugar para remilgos. En el Centro y Occidente de México, se podía encontrar en todas las mesas, ricas y pobres, pues no sólo fue la bebida preferida de los indios.

En las inmediaciones de Cuernavaca, hoy estado de Morelos, surgieron otras haciendas azucareras que dieron abasto al consumo interno y que, incluso, y en ocasiones, exportaron sus productos a España. La importancia de la caña en México fue tal que, siglos después, esta región sería una de las principales zonas cañeras del mundo. También hubo haciendas agrícolas, donde se cultivaba el trigo, éstas se establecieron inicialmente en las comarcas próximas a la ciudad de México, como Chalco y Texcoco, y más tarde en el valle de Toluca y Puebla. Pero fue en El Bajío donde se alcanzó la mayor producción de este grano.

Las haciendas fueron empresas productivas autosuficientes, construidas para regular los sembradíos y cultivos que se integraban al mercado regional con sus productos. Además de generar considerable riqueza, dieron lugar a un nuevo tipo de trabajador. Indios y mestizos vivieron próximos a las haciendas donde trabajaban y percibían una retribución por ello, ya fuera mediante un salario o con una parte de los productos obtenidos. Con el tiempo estos trabajadores se integraron al conjunto de construcciones que formaban parte de la casa grande.

Con los españoles también llegó el ganado y otros animales de granja: puercos, cabras y gallinas ocuparon los corrales; para comerlos los sazonaron con salsas y chiles dando lugar a nuevos y suculentos platillos. Los puercos habían sido traídos por Cortés en sus barcos y durante el tiempo de su expedición de conquista sus hombres se alimentaron de ellos. Su resistencia, adaptación y fácil crianza permitieron su rápida propagación, en la que los indios tomaron parte fundamental.

Sin embargo, la ganadería trajo también consecuencias negativas: la presencia de miles de ovejas arrasando los pastos y las vacas invadiendo las siembras fue motivo de insistentes quejas por parte de los indios, quienes acudían a los tribunales para denunciar a los españoles cuyos rebaños causaban destrozos en sus milpas. Pocas soluciones se dieron a este problema, el cual se agravó todavía más con el crecimiento de las haciendas.

Aun así, la ganadería fue una de las actividades preferidas por los españoles. Por la cantidad de productos que podían obtenerse —la carne, cueros, lana y, en menor proporción, leche y quesos— las vacas y borregos fueron el tipo de ganado más apreciado. Cortés fue el primero en establecer la primera crianza de estos animales en tierras americanas, precisamente en San Mateo Atenco (valle de Toluca).

Otro conquistador, Nuño Beltrán de Guzmán, introdujo vacas en la región del río Pánuco, en Hidalgo. Ovejas y cabras también eran criadas en Jilotepec, Tula, Toluca, Querétaro, Puebla, Tlaxcala, Oaxaca y Michoacán, donde el ganado se reprodujo en abundancia.

Los charros

La charrería nació en las haciendas ganaderas del Bajío y la Huasteca. El ganado en estado semisalvaje era reunido por los rancheros, principalmente mestizos y mulatos, que tenían perfecto dominio de la cabalgadura y sus arreos. Ante la autoridad, separaban y herraban el ganado por miles, para lo cual la destreza, el valor y la resistencia eran imprescindibles. El charro, hombre libre forjado en el campo, procuraba choza y parcela aparte, alardeaba de su apostura, adornaba con plata su sombrero y vestía colorido gabán.

En gran medida, el surgimiento de las estancias ganaderas, como ya se dijo, fue en detrimento de las tierras de los pueblos de indios, por eso se favoreció la búsqueda de más tierras al Norte, como las habidas en la Nueva Vizcaya (Durango y Chihuahua), donde grandes extensiones de tierras llanas y pastos permitieron la reproducción abundante de los ganados.

La Nueva España era un enorme territorio con zonas montañosas y pocos medios de comunicación. Por ello, para mover las mercancías y los productos del campo, fue preciso un sistema que resultó sumamente eficaz: la arriería; es decir, el uso de bestias de carga —bueyes y sobre todo mulas— como el medio idóneo para entrar por los caminos más angostos, bordear barrancas, atravesar ríos, subir montes y bajar pendientes.

El transporte

En esta época los viajes por gusto o placer no existían. Las personas viajaban por estricta necesidad, pues era agotador y peligroso; por eso los niños y las mujeres rara vez lo hacían. Además, las incomodidades eran infinitas y siempre se corría el riesgo de ser asaltado por los ladrones.

Burros y yeguas fueron traídas de Cataluña para criar mulas, que eran tan caras como un caballo, pero más resistentes. Este sistema fue el de mayor éxito en la Colonia, tanto, que perduró durante mucho tiempo, ya que, mientras no se abrieran mejores caminos y vías de comunicación a través de la accidentada geografía mexicana, el empleo de los vehículos de ruedas, como los carruajes y las carretas, no sería suficiente para mover cosas.

Las recuas, como se les llamaba al conjunto de animales de carga, eran organizadas en conductas de largas filas de mulas parsimoniosas, que andaban miles de kilómetros para llevar las herramientas y enseres necesarios para echar andar una mina, o los listones para el adorno de una dama.

Así el paisaje social de la Nueva España fue tomando un carácter particular. La Conquista no había terminado con la rendición de la ciudad de México en 1521, sino que fue un proceso gradual. Hubo además extensas zonas que se sustrajeron al dominio español, que respondieron con fiereza a la imposición de su yugo y tardaron mucho en aceptar convivir con los europeos y sus huestes. En el norte de México, así como en algunas zonas del sur y del sureste, tardaron en incorporarse a la vida pacífica como se conocía en el centro y occidente del territorio mesoamericano. La historia del Norte constituye una historia aparte y diferente, por las características de sus pobladores, y por la forma en que ocurrió la integración a la vida occidental.

Por ello, de manera lenta pero constante, los españoles fueron avanzando hacía el norte en busca de minas y tierras. Grupos de españoles con indios cristianizados, mestizos, esclavos y sirvientes se dirigieron a los diversos puntos de la extensa geografía norteña. Muchos murieron por los ataques de los indios chichimecas, pero su persistencia y la noción del oro —corrían historias de que en el norte se encontraban ciudades completamente de oro como Cíbola, Quivira o el famoso Dorado— fue venciendo poco a poco la obstinación con que los indios los rechazaban.

Chichimecas

Después de la Conquista de México-Tenochtitlan, los españoles nunca se imaginaron que tardarían más de dos siglos en conquistar todo el norte de México, que es una vasta región conocida como Aridoamérica. En ella habitaban varios grupos cazadores-recolectores que fueron conocidos bajo la denominación de chichimecas (bárbaros o salvajes), que eran en realidad diversos grupos (pames, guamares, zacatecos y guachichiles, tecuexes y caxcanes), la mayoría de ellos cazadores-recolectores nómadas, lo cual hizo que su "conquista" fuera más difícil además de que presentaron gran resistencia al nuevo dominio cultural.

El aumento de la presencia de estos grupos de colonos, fue creando, poco a poco, cierta dependencia con los chichimecas; no siempre los encuentros entre ambos grupos fueron violentos, pues algunos aceptaron trabajar para los colonos e intercambiar alimentos u otros objetos útiles. Los centros mineros también dependieron de los chichimecas para su subsistencia, al proveerse de mantas, lana, cueros, sal y otros productos que ellos producían.

Asimismo, la formación de las haciendas y centros mineros requerían de mano de obra, por lo que los españoles forzaron la integración de los indios al sistema de encomienda, obligándolos a pagar tributo con su trabajo. Con el paso del tiempo, esto causó que muchos indios se quedaran en las haciendas de manera permanente, donde recibían un pago en especie por su trabajo y una ración semanal de alimento.

Por otro lado, las epidemias, que se habían propagado por todo México, desembocaban en crisis agrícolas que a su vez causaban rebeliones de indios, que no eran otra cosa que la negativa de trabajar en las haciendas. Esta oposición era considerada grave y se les forzó con cadenas a cumplir las faenas del campo. Este trato desquiciaba las relaciones dando lugar a feroces rebeliones, reprimidas a su vez con crueldad.

Esta situación se agravó considerablemente cuando los indios rebeldes eran atrapados, amarrados y forzados a trabajar. La falta de mano de obra en algunas regiones hizo que se hicieran cacerías para esclavizar indios, que capturaban en lugares lejanos, por ejemplo Sinaloa y Sonora, y que llevaban a Chihuahua. Esto convirtió al extenso territorio norteño en una zona de guerra que el paso del tiempo no remedió.

El oro ha sido el metal más apreciado y codiciado en la historia del hombre. Para el hombre prehispánico, que lo labró con gusto exquisito, su uso estaba restringido a los gobernantes y sacerdotes, para que formara parte de las ofrendas funerarias de altos dignatarios. A pesar de ello, no lo explotó en grandes cantidades, ni abrió socavones —cuevas que se excavan en las laderas— para extraerlo de la tierra.

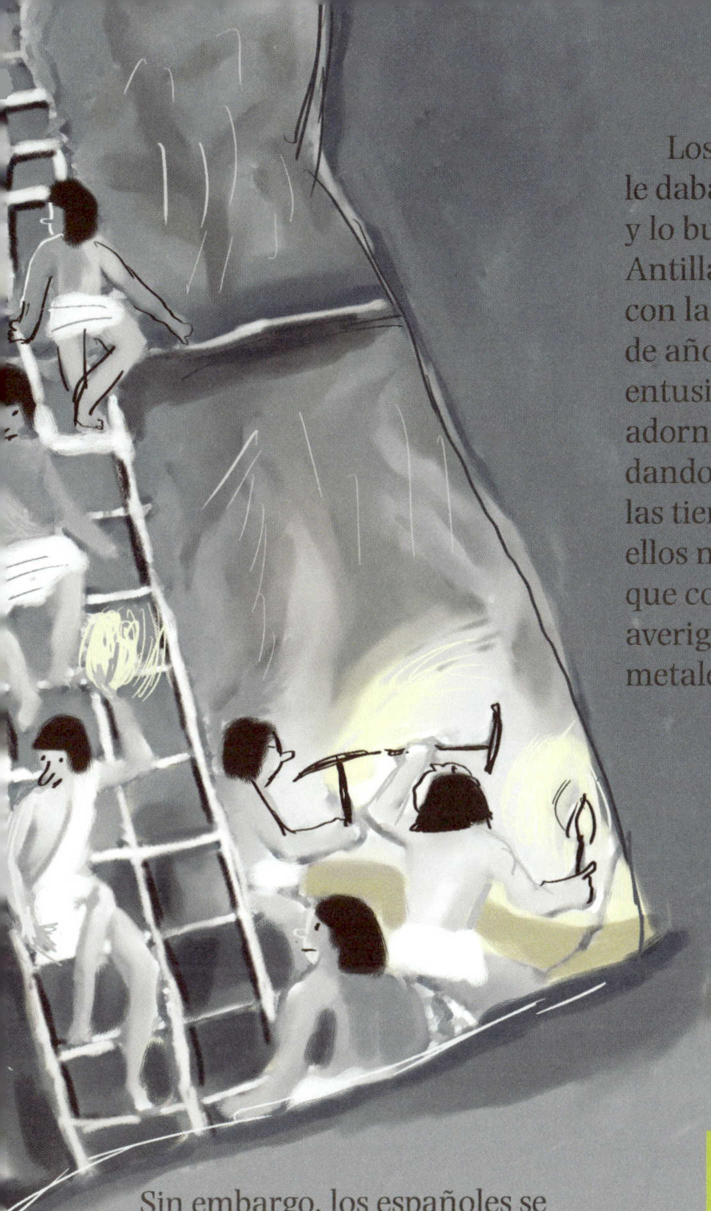

Los europeos, por su parte, le daban un valor distinto, y lo buscaron afanosamente en las Antillas donde lo agotaron, junto con la población india, en cuestión de años. Los conquistadores se entusiasmaron cuando vieron los adornos del emperador Moctezuma, dando por hecho que abundaba en las tierras recién descubiertas. Entre ellos no faltaron los ensayadores que con sencillas pruebas podían averiguar la calidad y cantidad de metales en un pedazo de roca.

Sin embargo, los españoles se sintieron atraídos a los ríos en cuyos lechos podían encontrar pepitas y polvo de oro. A estos lugares se les llamó "placeres", a donde fueron llevados cientos de indios para lavar la arena y obtener unos cuantos gramos del metal tras fatigosas jornadas de trabajo. Pronto estos "placeres" se agotaron, pero la búsqueda continuó.

SUERTE MINERA

La suerte minera fue caprichosa en grado superlativo. No bastaba encontrar una veta para hacerse rico, pues se debían tener los recursos para explotarla y ello demandaba una gran inversión. La prosperidad minera formaba grandes pueblos que se achicaban o desaparecían cuando se acababan los metales.

Las zonas montañosas ofrecieron más posibilidades. La región de la Sierra Madre del Sur de Zumpango y Taxco dejaron ver sus ricas vetas de plata, y la región de la Sierra Madre Oriental, Ixmiquilpan, ofreció también lo suyo. Los españoles intensificaron entonces el avance al norte, lo cual permitió a los gambusinos y ensayadores (expertos que sabían cómo encontrar metales preciosos), adentrarse en los cerros hasta que sus experimentados ojos vislumbraron la brillante presencia de la plata.

Así, otras ciudades fueron descubiertas como centros proveedores de oro, y Guanajuato, San Luis Potosí y Zacatecas se erigieron en los centros mineros de mayor importancia, además de convertirse en centros urbanos.

El hallazgo de las vetas atraía a una gran cantidad de personas. Primero un campamento de trabajadores se acomodaba en las inmediaciones de la mina. Si la cantidad de metal era abundante, llegaban más trabajadores y aumentaba la población. Para atender a esa población funcionaban tendajones —tiangüis—, a los que los comerciantes acudían para vender los instrumentos precisos para operar la extracción.

Si el sitio estaba cerca de los centros de producción agrícola, la subsistencia se hacía más fácil. La abundancia podía dar lugar a un Real de minas (como se les conocía a los grandes centros de producción minera), que luego, al crecer, podía convertirse en villa y, al seguir aumentando, reclamar el título de ciudad. Construidas sin orden, las ciudades mineras se encaramaron a la ladera de los cerros (como en Guanajuato), abrieron callejuelas y plazoletas, levantaron capillas y aderezaron ricamente sus parroquias. Estas ciudades fortalecieron la presencia de colonos en el norte y se convirtieron en punto de partida para nuevas exploraciones.

Para fines del siglo XVI, los mineros se habían dispersado por la geografía serrana de la Nueva Vizcaya (Durango y Chihuahua). Asimismo, Topia, Santa Bárbara, Parral, Santa Eulalia, Mapimí, Papasquiaro y otros puntos fueron explotados con suerte intermitente.

Las vetas de oro y plata ofrecían el metal en estado de gran pureza, por lo que obtenerlo fue fácil mediante la fundición. Las vetas se iban explotando, la cantidad de oro disminuía y, por lo tanto, aumentaba la dificultad para mantener esos centros mineros, que por lo general se abandonaban. Para solucionar esta situación, un minero de Pachuca, Bartolomé de Medina, ideó una forma de procesar grandes cantidades mineral bruto mediante la amalgamación por mercurio (llamado azogue).

Esto requirió la construcción de haciendas mineras con grandes patios donde se molía el metal sacado de la mina, y se hacía la amalgamación. Y aunque este sistema permitía explotar más, tuvo grandes consecuencias para los trabajadores, pues el mercurio es tóxico; como los peones que trabajaban en el patio no usaban ningún tipo de protección, su salud se deterioró considerablemente y muchos murieron.

A pesar de ello, la minería se convirtió en uno de los pilares de la economía novohispana. Su explotación activó regiones, embelleció templos y dio a España preeminencia económica en el mundo.

Los españoles encontraron grandes dificultades para vivir en la península de Yucatán. Si bien fue unas de las primeras regiones exploradas donde ocurrió el primer contacto con los indios de tierra firme, su conquista no ofrecía incentivos para su consolidación.

Carente de tierras fértiles y minas, los pocos españoles que pusieron su interés en la región, se encontraron con una población de indios mayas orgullosa y poco dispuesta a dejarse someter a su dominio y a sus requerimientos.

Mayas en resistencia

Los mayas, una de las culturas más avanzadas del México prehispánico, fue uno de los grupos que más resistencia presentó frente a los españoles, durante más de un siglo y medio, a pesar de los repetidos intentos de invasión a sus territorios, de difícil acceso.

Al amparo de la densa selva, los indios se refugiaron en ella sin problemas para subsistir, pues bastaba preparar un pedazo de tierra para sembrar su maíz. Fue hasta la explotación intensa del henequén, a fines del siglo XVIII, que el hombre blanco tuvo verdadera presencia en esa zona, y, en consecuencia, actualmente, los mayas de la península son los indios que poseen el menor grado de mestizaje en México.

Arte y cultura

El convento fue el tipo de construcción que tuvo mayor auge en la segunda mitad del siglo XVI debido a la actividad misionera. Estaba formado por varios edificios que contenían distintas dependencias: la iglesia, la portería, el hospital, el claustro con patio, la cocina con despensa, el aljibe y la huerta. Además, como novedad a lo acostumbrado en Europa, se hicieron cruces atriales, capillas abiertas y capillas posas, todas ellas soluciones arquitectónicas que, por ser al aire libre, conciliaban la veneración católica con la costumbre indígena, pues permitían conglomerar grandes cantidades de personas para la prédica.

Se construyeron con el objetivo de alojar a las comunidades de religiosos que se habían esparcido por el territorio novohispano; ahí se administraban los sacramentos, se encabezaban las ceremonias religiosas, se enseñaban oficios y se cultivaban las huertas.

En los grandes atrios el pueblo se congregaba para asistir a las representaciones teatrales, procesiones, y para enterrar a sus muertos. Debido a que unos cuantos frailes tenían conocimientos formales o experiencia en la arquitectura, estos templos se edificaron de acuerdo a las nociones que aquellos tenían de las construcciones en España, es decir, la de los edificios construidos en el medioevo. Es por ello que sus referencias no podían ser otras que las plasmadas en los conventos que vemos regados por la geografía mexicana.

"Cholula. En esta ciudad se ha renovado con todo esmero y pintado con primor a expensas de los indios feligreses, su capilla dedicada a la Asunción de Nuestra Señora y al Arcángel San Gabriel... su atrio, que está todo enladrillado, es el mayor y más hermoso de la Nueva España."

Noticia aparecida en *Gazeta de México*, marzo de 1731.

Para la construcción de los conventos se utilizaron los elementos militares de los alcázares y castillos peninsulares que dan el aspecto de fortaleza a algunos de ellos, quizá motivados por un cierto temor a un eventual ataque de indios rebeldes. Por ejemplo, el convento de Actopan en el actual estado de Hidalgo, que impone por la altura de sus muros, su torre y sus almenas. También se pueden apreciar características similares en los conventos de Huejotzingo (Puebla), Tepoztlán (Morelos) e Izamal (Yucatán).

Fueron los indios, dirigidos por los frailes, los que trabajaron para levantar estos conjuntos y cuya factura fue especialmente notoria, tanto en los detalles ornamentales de las fachadas (tal es el caso del de Coyoacán, en la Ciudad de México), así como en la pintura mural de los interiores (tal es el caso del de Ixmiquilpan, Hidalgo).

Otro tipo de edificios fueron construidos en esa época: los de carácter civil, como el llamado el Palacio de Cortés en Cuernavaca; la casa de Francisco Montejo, en Mérida; el palacio de gobierno de Tlaxcala, y la fuente mudéjar de Chiapa de Corzo.

Pasado este primer impulso constructor, un nuevo arte llegó de Europa en los libros de los arquitectos, a los que se les decía alarifes, que estaba inspirado en los modelos clásicos que el movimiento europeo del Renacimiento había avivado. Así se erigieron muchas importantes catedrales que reflejaron el nuevo orden novohispano, la consolidación del poder de la Iglesia diocesana y las aspiraciones de los habitantes de la ciudad. Los obispos y los cabildos catedralicios, con la colaboración de las corporaciones civiles de la ciudad, se encargaron de la realización de costosas obras artísticas dentro de ellas y de la innovación de las formas.

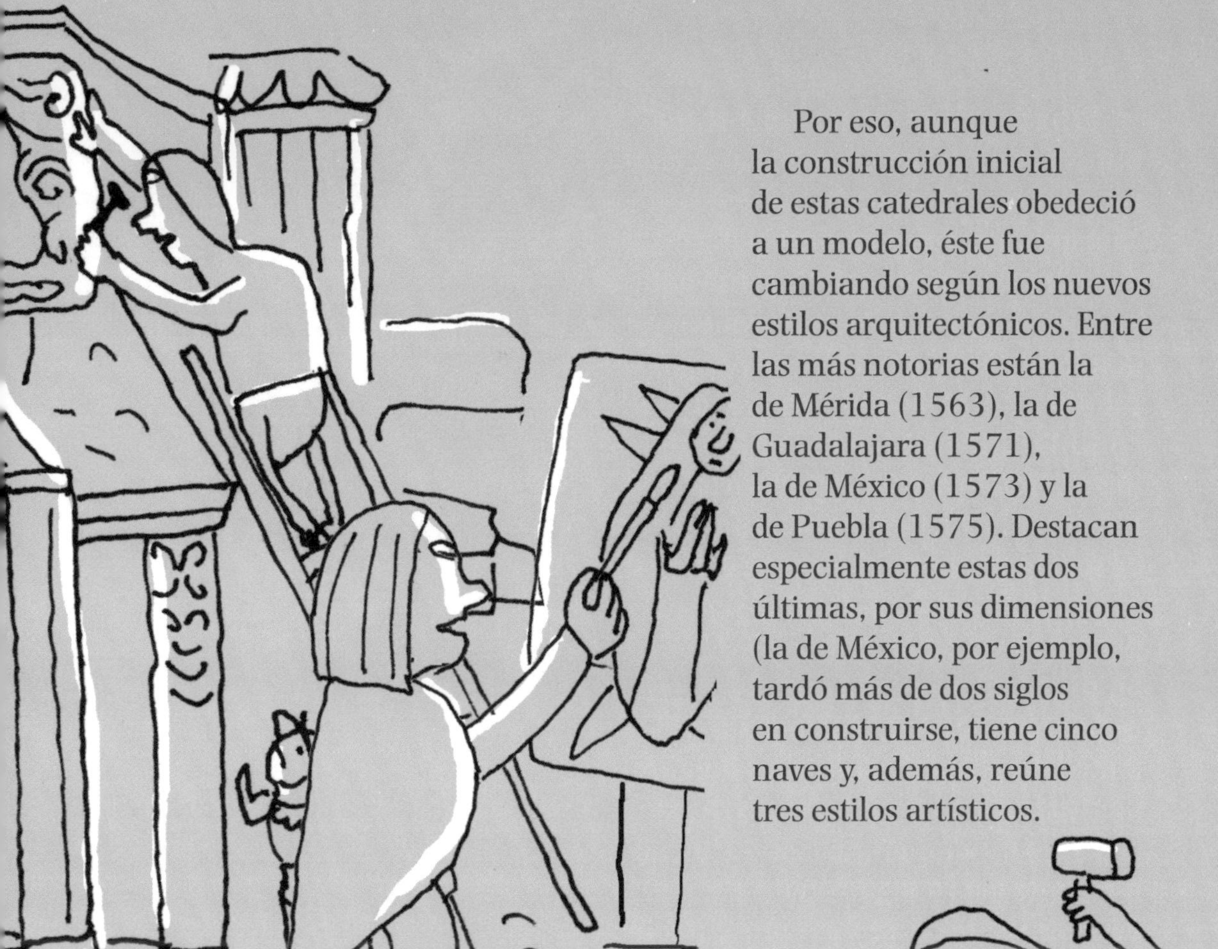

Por eso, aunque la construcción inicial de estas catedrales obedeció a un modelo, éste fue cambiando según los nuevos estilos arquitectónicos. Entre las más notorias están la de Mérida (1563), la de Guadalajara (1571), la de México (1573) y la de Puebla (1575). Destacan especialmente estas dos últimas, por sus dimensiones (la de México, por ejemplo, tardó más de dos siglos en construirse, tiene cinco naves y, además, reúne tres estilos artísticos.

Además de las catedrales, los templos parroquiales también destacaron, como el de San Miguel en la ciudad de México, y los de Zacatecas y Chihuahua (hoy catedrales), o el magnífico de Santa Prisca de Taxco. La capilla de los Ángeles Custodios de la catedral de México, la capilla del Pocito en la Villa de Guadalupe y la del Rosario en Puebla son igualmente magníficos ejemplos de arquitectura y escultura.

El barroco fue especialmente importante en la Nueva España, pues no sólo se refirió a un estilo en el arte, sino que constituyó toda una forma de vida y pensamiento. Fue una actitud que nació de la Contrarreforma que la Iglesia católica opuso a la reforma protestante. Si bien fue un movimiento cultural que se dio en toda Europa, fue particularmente expresivo en España, pues ésta sostenía una postura de máxima defensora de la fe católica, frente al protestantismo que se propagaba rápidamente.
Su principal propósito era el mantenimiento de la ortodoxia de la fe en todas las manifestaciones religiosas, por lo cual su uso en la Nueva España se volvió fundamental. Esto se hacía mediante la propagación de las devociones, la correcta representación plástica de los temas sagrados, la música y la literatura.

Las imágenes, principalmente, debían impulsar la moral cristiana y motivar la piedad. Los sermones, las vidas de los santos y los evangelios escuchados en misa eran la instrucción que los fieles tenían y con lo que podían “leer” cuadros, retablos y estampas que, además de contener un mensaje preciso, contenían otros cifrados en representaciones simbólicas (por ejemplo, una flor blanca representaba la pureza) y alegóricas (por ejemplo, una mujer con una lira representaba la música). Los interiores de los templos se adornaron con imponentes retablos de madera tallada, dorada y pintada, como el altar de los Reyes en la catedral de México, o con yeserías, como en Santa María Tonanzintla (Puebla).

"[...] el sermón ocupaba un lugar especial en el gusto de los fieles que asistían a las ceremonias. Desde lo alto de los púlpitos, estas piezas de oratoria barroca mezclaban en giros poéticos y rebuscadas metáforas a los dioses griegos y a los santos cristianos, celebraban las virtudes, fustigaban los vicios, amenazaban con las penas infernales y exigían el arrepentimiento; el sermón era un medio para difundir las noticias que llegaban de Europa en las flotas, para informar de las rebeliones indígenas o de los ataques piratas, para crear opinión, para cuestionar o alabar el comportamiento de las autoridades; el púlpito era, en fin, una palestra para la información, la apología o la denuncia".

Antonio Rubial García, *La plaza, el palacio y el convento*.

Otro tema que fue representado con frecuencia y que estaba íntimamente ligado a los propósitos del clero, era la victoria de la Iglesia. Enormes lienzos mostraban a Cristo resucitado y a santos triunfantes en medio de legiones angelicales, así como a majestuosos carros que aplastaban a las herejías. La sacristía de la catedral de México posee seis de estos cuadros pintados por Cristóbal de Villalpando y Juan Correa a fines del siglo XVII.

Mineros, hacendados y comerciantes criollos costearon grandes obras de arte religioso mediante generosas donaciones. A partir de la década de 1640, las parroquias, santuarios, capillas y conventos de monjas fueron los principales beneficiarios de esta riqueza. El arte fungió como vehículo para expresar inquietudes, principalmente las relativas a su afirmación religiosa y presencia en la cultura de Occidente, en Europa, así como a su herencia hispánica y sus lazos con el pasado indio. Por eso en la Nueva España el arte barroco fue tan expresivo y vehemente.

Se pensaba también que el arte debía conmover y estimular los sentidos: la vista se recreaba en lujosos ornamentos; el oído con bella música; el olfato con el aroma del incienso; el tacto con las vívidas escenas de los tormentos del infierno y el gusto en las mieles que anunciaban las delicias de la gloria eterna. Las fiestas a los santos patronos, la semana Santa, el Corpus Christi, Todos Santos y Navidad eran celebraciones esperadas con gusto por la gente que, en tales ocasiones, adornaba sus casas, levantaba "riscos" (ornamentos efímeros hechos con alfombras, platos, flores e imágenes religiosas, montados sobre tablas escalonadas), erigía altares y arcos triunfales de cartón dorado.

Debilidad por la música

Uno de los mayores atractivos de asistir a las ceremonias en los templos, era la música. Órganos, orquestas y coros se podían escuchar en las catedrales y casi no había iglesia de pueblo que no tuviera o aspirara a tener su propio órgano. Los conventos femeninos eran famosos por sus coros de voces angelicales y sus hábiles instrumentistas. Sor Juana escribió un método para hacer más fácil el aprendizaje de la música, al que tituló "El caracol", y que por desgracia se perdió.

Luego de las celebraciones litúrgicas venía la fiesta profana popular acompañada de los fuegos artificiales —que tanto arraigaron en el gusto de los indios—, corridas de toros, máscaras y disfraces, monstruos y monigotes, obras de teatro que se montaban en el corral de comedias y por supuesto el amplio consumo de bebidas alcohólicas, pulque y guisos de todo tipo.

Los grandes acontecimientos civiles estaban ligados a las ceremonias religiosas. La entrada de los virreyes, las noticias sobre los reyes de España, el nacimiento de un heredero al trono, el triunfo de las armas reales, o el feliz arribo de la flota eran motivo de tedéums (canto de acción de gracias), misas y fiestas.

Todos los grupos sociales participaban en estos actos, que si bien implicaban un reconocimiento a las autoridades, también comprendían un mensaje de vuelta a esas autoridades: las personas, organizadas en cofradías, colegios, gremios, parroquias o barrios, contribuían al engrandecimiento del reino y por tanto del imperio. Por eso fue que en estas fiestas manifestaron sus preferencias en el culto a los santos, y pagaron a sus más notables poetas para ensalzar el poder de Dios y del rey.

Las devociones locales fueron así adquiriendo gran importancia (y algunas de ellas perduran hoy día) y muchos santuarios fueron levantados gracias a las múltiples limosnas de los fieles que acudían a ellos en peregrinación, desde todas partes de la Nueva España.

Famosos fueron los santuarios de San Juan de los Lagos (Jalisco), La Soledad (Oaxaca) y Ocotlán (Tlaxcala), todos dedicados a sendas imágenes de la virgen María. Destaca asimismo el santuario construido para la imagen de la Virgen de Guadalupe, conocido como basílica, por el arquitecto Pedro de Arrieta entre 1695 y 1709. Otra notable construcción de esta época fue el colegio de novicios e iglesia de San Francisco Xavier en Tepozotlán (actualmente es el Museo Nacional del Virreinato), signo del apogeo de la Compañía de Jesús, en el que los aires citadinos infundieron su aspecto en los retablos y la magnífica portada.

Así pues, el estilo barroco tuvo un desarrollo gradual y progresivo, desde las formas más sencillas hasta el abigarramiento pletórico de ondulaciones. Los materiales locales fueron aprovechados y combinados para obtener luces y sombras, así como matices de color. En la ciudad de México y sus alrededores, por ejemplo, se utilizó la piedra chiluca con el tezontle (Sagrario metropolitano de México); en la región de Puebla-Tlaxcala el azulejo de Talavera con el ladrillo rojo (San Francisco Acatepec), y en muchos otros lugares, simplemente el yeso fue moldeado y coloreado (Huexotla y Tepalcingo).

El uso del estilo barroco se extendió por toda la Nueva España y llegó hasta lugares tan lejanos como la península de Baja California, Sonora y la sierra Tarahumara, si bien de manera más modesta. Aunque se utilizó predominantemente en las construcciones religiosas, también se utilizó en las grandes casas —llamadas palacios—, como la del marqués de Jaral de Berrio o la del conde de Heras Soto (en la ciudad de México), y la del conde del Valle de Súchil (en la ciudad de Durango).

Sin embargo, poco a poco otras corrientes empezaron a tener importancia, y se empezó a considerar el estilo barroco como algo de mal gusto, hasta que éste decayó después de que se impuso el arte académico promovido por el rey Carlos III para la construcción de obras civiles, con la fundación de la Academia de San Carlos en 1785.

Por otra parte, las construcciones dieron cabida a otro tipo de manifestaciones culturales fundamentales para la época: los libros. Las órdenes religiosas, que tenían sus colegios en las ciudades, alojaron importantes bibliotecas, así como los seminarios y la Universidad. La mayor parte se nutría de libros llegados de España, impresos en las distintas ciudades europeas.

En la Nueva España, los autores podían imprimir en alguna de las varias imprentas que por entonces ya existían en la ciudad de México, o en Puebla, que tuvo su primera imprenta en 1640, o bien en la de Oaxaca, fundada en 1720. Los temas de las obras eran principalmente religiosos; catecismos, manuales de confesión, sermones y obras teológicas, y, en menor proporción, los asuntos jurídicos, médicos y científicos.

Cuando algún acontecimiento lo ameritaba se imprimían, en hojas sueltas, los pormenores de alguna noticia, como lo hizo Carlos de Sigüenza y Góngora con su *Mercurio volante* sobre la colonización de Nuevo México. Más tarde, en 1722, Juan Ignacio de Castorena fundó el primer periódico propiamente dicho, llamado *Gazeta de México*, el cual, de inicio, tuvo corta vida, pero que en 1728 fue continuado por Francisco de Sahagún. En él se recogían las principales noticias publicadas en la *Gazeta de Madrid*, y de las diversas provincias novohispanas, así como de las obras que se vendían en las librerías y las mercancías que traían abordo las flotas.

La lectura de novelas, de hojas de noticias y poemas era una de las amenidades favoritas de la gente. Aunque muy pocas personas sabían leer, éstas leían en voz alta para un grupo reunido a su alrededor. Además de los libros, circulaban hojas manuscritas que se copiaban muchas veces para que más gente las conociera, sobre todo tratándose de narraciones fantásticas, fórmulas mágicas, chistes, picardías y hasta injurias contra otras personas.

El imperio hispánico

Conocer a detalle el amplio imperio que gobernaba fue una de las principales preocupaciones del rey Felipe II. Los mejores cronistas, exploradores, cartógrafos, historiadores, juristas y teólogos se dieron a la tarea de reunir cuanta información fuera precisa para que el rey de España contara con la opinión mejor fundada para gobernar con acierto. Resultado de ese deseo son las *Relaciones para la descripción de las Indias* (por entonces, al continente americano, se le llamaba Indias occidentales; el término América fue usado mucho después), mejor conocidas como *Relaciones geográficas*.

En 1575 y 1577 sus Consejos redactaron un cuestionario que se envió a todos los pueblos de la América hispánica. Las respuestas (que se referían a los aspectos humanos, a las costumbres antiguas de sus habitantes, a las particularidades geográficas y a la fauna) fueron muy desiguales, pero hubo autoridades como corregidores o gobernadores, así como cronistas e historiadores, nombrados especialmente, que hicieron amplias descripciones de sus pueblos. Una buena parte de nuestro conocimiento actual sobre los pueblos de América en la segunda mitad del siglo XVI proviene de estas descripciones, mismas que constituyen una abundante producción bibliográfica que, a su vez, estimuló a soldados, frailes, sacerdotes y juristas de América para escribir sus propias versiones.

El inmenso territorio del Imperio Español abarcaba desde la Patagonia (Chile) hasta el territorio al norte de la Alta California (Estados Unidos), aunque hubo grandes zonas en las que nunca pudieron penetrar ni los más avezados exploradores. Aun así, la presencia hispánica dejó su huella a través de esa región que conocemos como Hispanoamérica.

El puerto fluvial de Sevilla era el único autorizado para comerciar con América. Desde la Casa de Contratación de Sevilla se controlaba la entrada y salida de embarcaciones, la autorización de pasajeros a Indias, la carga y contenido de las mercancías, el registro de la plata que llegaba, entre otros. Para proteger a los pasajeros y las mercancías, dos veces por año salía la flota, que era un conjunto de hasta 60 naves de distinto tonelaje, para realizar el comercio en Veracruz y en Portobelo para el Perú. El viaje duraba tres meses y de vuelta a Sevilla podía tardar de cuatro a cinco meses. Una vez al año, llegaba al puerto de Acapulco la Nao de China, que en realidad salía de Manila en las Islas Filipinas, y que traía toda suerte de mercaderías orientales. Debido a las tormentas y a las malas condiciones del clima, las flotas naufragaban o se dispersaban, lo que provocaba grandes retrasos, al grado de no haber flota por dos o tres años consecutivos.

En apariencia, el establecimiento de las instituciones hispánicas podía haber producido una sociedad hispanoamericana de grandes semejanzas y coincidencias. La realidad no es así, pues tales instituciones funcionaron de manera desigual de acuerdo a un sinnúmero de circunstancias que van desde las culturales a las geográficas. Fue la maleabilidad del dominio hispánico la que dio lugar a una realidad social profundamente diferenciada y original. La herencia europea de Carlos V definió la idea imperial: un conjunto de reinos a los que respetó su individualidad histórica y jurídica.

Esta idea adaptada a sus dominios americanos alejó a España de la tentación de uniformizar los reinos y sus instituciones. En esto estriba el origen de lo que nos hace diferentes como naciones de raigambre hispánica.

La expansión del imperio hispánico dio lugar a uno de los fenómenos humanos de mayores proporciones jamás vividos. Miles de españoles, durante los siglos coloniales, se desplazaron a través de inmensos territorios.

La piratería

Otra amenaza eran los piratas. Las riquezas transportadas a España despertaron la codicia de otras naciones europeas, como Holanda, Inglaterra y Francia, que autorizaron, mediante patente de corso, a los llamados corsarios a asaltar las naves españolas y los puertos. Los asaltos más sangrientos corrieron a cargo de Lorencillo, un pirata holandés de nombre Laurent Graff, que saqueó y quemó Tampico, Veracruz y Campeche entre 1672 y 1685. Con sus hombres dio muerte a sus habitantes y al ganado, secuestró a las autoridades civiles y eclesiásticas para cobrar rescate y se llevó a todos los negros y mulatos, esclavos o libres, para venderlos en las Antillas. También otros puertos de la América española como La Habana (Cuba), San Juan (Puerto Rico) y Cartagena de Indias (hoy en Colombia) sufrieron ataques, lo que dio lugar a la construcción de murallas y fuertes para su protección, y de las que quedan importantes vestigios.

Los españoles llevaron con ellos a cientos de indios aliados y esclavos para abrir caminos y poblar nuevas tierras, como sucedió en el norte de la Nueva España. Ello implicaba una enorme capacidad de adaptación a ámbitos completamente diferentes a los de su origen. Pero además, la movilidad espacial dio lugar a la movilidad social.

Mientras que en el resto de Europa las sociedades permanecían estáticas, sencillos campesinos y artesanos de Castilla ascendieron dentro de las nuevas sociedades a las que se integraron en América. El mestizaje fue otro medio de movilidad social y étnica. Mestizos y mulatos se asimilaron a los españoles haciéndose pasar por blancos, hecho que les franqueó las puertas a los privilegios supuestamente reservados a los blancos.

En el siglo XVIII, poco más de dos siglos después de la Conquista, la población novohispana comenzó a crecer, ya no de manera fragmentada, sino conjunta. Con ella, naturalmente, el mestizaje aumentó, la cultura local se enriqueció, y la diversidad y las ciudades comenzaron a crecer adquiriendo personalidad y mayor actividad económica.

En 1700 murió Carlos II, último rey de la dinastía de los Austria (que había gobernado España y sus posesiones por casi 200 años). Los Borbón se convirtieron en la nueva familia reinante y trajeron su modo particular de gobernar. Para los Austria el gobierno estaba basado en una idea de Justicia, y para los Borbón, consistía en darle felicidad al pueblo. A esta actitud se le llamó "despotismo ilustrado", pues los reyes impusieron sus ideas "iluminadas" por la razón. Esta política no tomaba en cuenta la opinión de los súbditos y menos a los de origen americano, obligándolos a obedecer cualquier orden.

Carga de los navíos que zarparon de Veracruz al puerto de Cádiz en mayo de 1732:

Oro acuñado / Oro labrado / Plata labrada / Pesos / Grana fina /Grana silvestre /Tinta añil / Vainillas / Pieles curtidas / Chocolate / Cacao Caracas / Achiote /Palo Brazilete / Aceite de María /Carmín /Un hilo de perlas / Dinero para comprar tabaco en La Habana.

Carga de diez y seis navíos mercantes llegados a Veracruz, provenientes de Cádiz, en octubre de 1732:

Libros / Bayeta (tela) / Hilos / Géneros de Botica / Papel / Acero / Clavos / Fierro /Rejas de arar /Barriles de vino /Barriles de aguardiente / Botijas de aceite / Barriles de almendra / Cuñetes de frutos / Barriles de vinagre.

Todas estas transformaciones, el gran movimiento de identidad del siglo XVIII y la necesidad de una definición mayor, serían el preludio al espíritu que, junto con los cambios ocurridos en Europa, llevaría a las inquietudes de independencia que explotarían a principios del siglo XIX.

Cronología

1531 Audiencia gobernadora al mando de Sebastián Ramírez de Fuenleal y Vasco de Quiroga.

1549 Se prohíbe el trabajo de los indios en las minas y del servicio personal.

1553 Inauguración de los cursos en la Real y Pontificia Universidad de México.

1564 Establecimiento del sistema de flotas para comercio con América.

1573 Se inicia la construcción de la catedral de México.

1592 Establecimiento del Juzgado General de Indios para atender los asuntos legales de los pueblos de indios.

1604 Inundación de la ciudad de México.

1606 Enrico Martínez, cosmógrafo del rey y encargado de las obras del desagüe de la ciudad de México, publica *Repertorio de los tiempos e historia de esta Nueva España*.

1609 Rebelión de esclavos negros en Veracruz dirigida por Yanga.

1610 Fundación de Santa Fe de Nuevo México.

1616 Rebelión de los indios tepehuanes en el Norte.

1621 Se termina la construcción del acueducto de Chapultepec para surtir de agua a la ciudad de México.

1623 Suspensión de las obras del desagüe de la ciudad de México. Inundación.

1624 Motín en la ciudad de México.

Acapulco es invadido por holandeses.

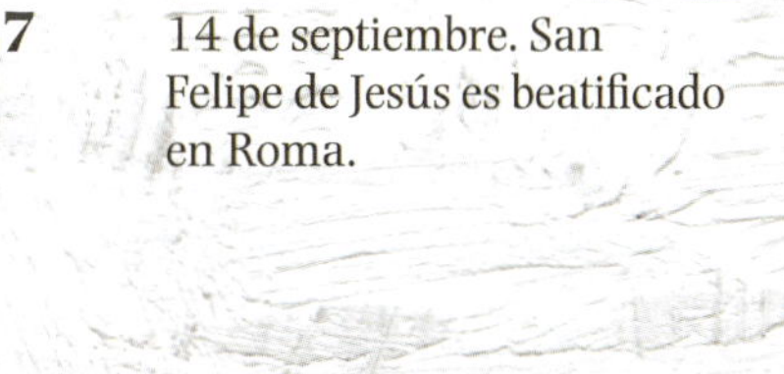

1627 14 de septiembre. San Felipe de Jesús es beatificado en Roma.

⚜ 1629 Inundación, la peor, de la ciudad de México.

⚜ 1631 Se descubren las minas de Parral.

⚜ 1646 Rebelión de indios tarahumaras.

⚜ 1648 Se publica *Imagen de la virgen María de Guadalupe*, del padre Miguel Sánchez.

⚜ 1655 Se funda El Rosario en Sinaloa.

⚜ 1669 Sor Juana Inés de la Cruz profesa como monja en el convento de San Jerónimo de la ciudad de México.

⚜ 1680 Sor Juana escribe el Neptuno alegórico para los virreyes marqueses de la Laguna.

⚜**1692** Gran motín en la ciudad de México.

⚜**1695** Muere Sor Juana Inés de la Cruz, el 17 de abril.

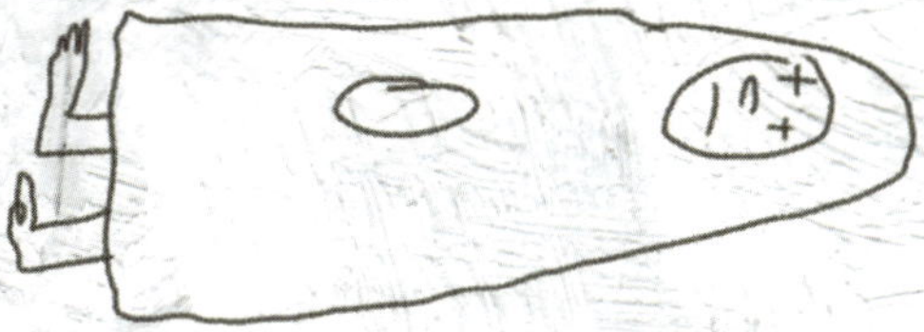

⚜**1697** Se permite a los indios ordenarse como sacerdotes.

⚜**1700** Muere Carlos de Sigüenza y Góngora.

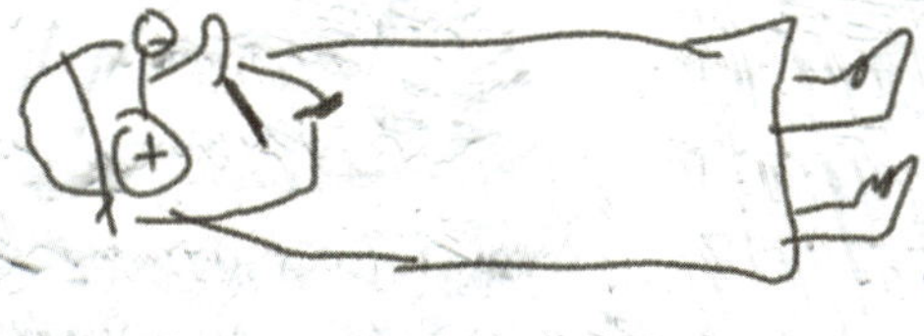

⚜**1712** Rebelión de tzeltales y tzotziles en Chiapas.

⚜**1722** Se publica la primera *Gazeta de México*.

⚜**1736** Epidemia de matlazáhuatl y de viruela.

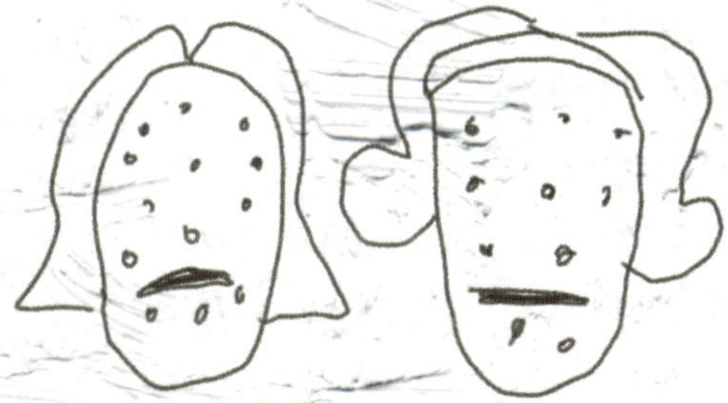

⚜**1737** La virgen de Guadalupe es proclamada patrona de la Nueva España.

Bibliografía

- Gage, Thomas fray, "México en 1625", en *A new survey of the West Indies*, 1648 (*The Broadway Travellers*, ed. de Sir E. Denison Russ y Elleen Power).

- García Martínez, Bernardo (coord.), "Nueva España, 1521-1750. De la conquista a las Reformas Borbónicas", en *Gran historia de México ilustrada*, México, Planeta DeAgostini-CONACULTA-INAH, 2002, t. II.

- Gerhard, Peter, *Geografía histórica de la Nueva España, 1519-1821*, México, Universidad Nacional Autónoma de México, 1986, 495 pp.

- Gonzalbo Aizpuru, Pilar, *Historia de la educación en la época colonial. La educación de los criollos y la vida urbana*, 2ª reimp., México, El Colegio de México, 1999, 395 pp.

- Leonard, Irving, *La época barroca en el México colonial*, México, Fondo de Cultura Económica, 1974, 333 pp. (Colección Popular, 129).

- Long, Janet, "IV. La Nueva España", en *La cocina mexicana a través de los siglos*, México, Clío, 1997, 64 pp.

- Rubial García, Antonio, "Descripción del cuadro de Cristóbal de Villalpando", en *La plaza, el palacio y el convento*, México, CONACULTA, 1998, p 38.

- Zuñiga Saldaña, Marcela, "Catesismo y exposición de la Doctrina Cristiana, cai de 1802", en *Privilegios para imprimir libros en la Nueva España, 1714-1803*.

La Nueva España

siglos XVII y XVIII

se terminó de imprimir en el mes
de noviembre de 2009 en Everbest Printing Co. Ltd.,
334 Huanshi Road South, Nansha,
Guangdong, 511458, China.
Para su formación se utilizó la fuente Photina MT.